ビジネス書を年に100冊読んでわかった

24時間の使い方

石川和男

祥伝社黄金文庫

おはようございます——まえがきに代えて

この本を手に取っていただき、ありがとうございます。

本書のタイトルに惹かれて手に取ってくださったあなた、もしかしたら、次のような悩みを抱えていませんか？

・寝起きが悪い。朝は気分が乗らない、優れない
・優先順位の高い仕事を先延ばししてしまう
・キャリアアップ、スキルアップしたいけど勉強する時間がない
・残業続きで、早く帰れない
・やることが多くて収拾がつかない
・仕事に追われている感じがする
・忙しいのに成果が上がらない
・どうやって時間を使ってよいか分からない

・仕事の依頼が同時並行的に入ってきてイライラする
・優先順位をつけられない
・優先順位をつけたけど、順番どおりにできない
……など。

この中に該当する項目があった方。
その項目が**1つでも解決できたら、人生が好転し現在と未来に役立つ**と思いませんか？

もう少し具体的なケースをあげてみます。

ケース1
会社が嫌でもないのにフトンから出られない。出社準備に手間取って遅刻しそうになる。録画だけして見ていないＤＶＤが増え続けてイライラする。
⬇ そんな方は、特にＣＨＡＰＴＥＲ１、２を実践すれば解決します。

ケース2

勉強したいけど勉強する時間がない。どの仕事からやって良いのか分からない。それ以前に机が書類の山で平地が見えない。

➊そんな方は、特にCHAPTER3、5、9を実践すれば解決します。

ケース3

仕事をテキパキ終わらせているはずなのにイライラする。集中したいのに邪魔が入る。いつもストレスがたまっている。寝つきが悪い。

➊そんな方は、特にCHAPTER1、4、6、10を実践すれば解決します。

ケース4

このままでは嫌だ。その他大勢から抜け出したい。しかし方法もわからず時間もない。昼休みは、ネットサーフィンをして過ごしている。午後から集中できない。

➊そんな方は、特にCHAPTER7、8を実践すれば解決します。

いかがですか？

本書の該当する章を読んで、取り入れたい箇所を実践して習慣化するだけで、これらの悩みから解放されます。

本書の最大の特徴は、**タイムスケジュールにそって「何をするべきか」を明らかにしているところです。**

起床、通勤準備、通勤中、始業前、始業、午前中、ランチ、午後、帰宅、就寝までを各時間帯に分けて「何をするべきか」を書いています。

今まであなたが上手に使えなかった時間帯があれば、参考にして下さい。

効率的だと思うものがあれば、実践して下さい。

楽しそうだと思えば、取り入れて下さい。

もちろん、今まで通りが良いという時間帯は、そのままで構いません。

自分が最高に良いと思う選択をすることで、上記の問題点を解決し人生を好転させることができるのです。

ではなぜ私が、このような本を書けるのか？

申し遅れました。石川和男と申します。

私は現在、建設会社の総務経理、大学の非常勤講師、セミナー講師、時間管理コンサルタント、そして税理士と、5つの仕事をしています。

建設会社の仕事は、月曜日から金曜日の平日朝8時30分から夕方5時まで。その他の仕事は、平日の夜や土曜日に行っています。

こう言うと、いかにも「仕事漬けの毎日」のように聞こえるかもしれません。

でも、そんなことはありません。

プライベートでは、友人とズーム飲み、コロナ禍で今は無理ですが普段は家族と岩盤浴やスポーツジムに行き、休日には趣味である映画を観るなど、人生を楽しく過ごしています。

どうして、5つの仕事をこなしながら、プライベート時間を楽しく充実して過ごすることができているのか？

それは、私が、1つだけ、**たった1つだけの「守らなければならないルール」**を守っているからです。

それはこんなルールです。

月曜日から金曜日の平日勤務している建設会社で「残業をしない」！

ここで残業してしまうと、ほかの仕事にシワ寄せがきて遊ぶ時間などがなくなってしまいます。

私が勤めている建設会社は、100億円以上の売り上げがあります。

そんな会社の総務経理が、そんなに暇なワケがありません。

では、そこに所属しながら、私はどうやって5時までに仕事を終わらせているのか？

詳しくは本編に譲りますが、定時までに終わらせるには、期限を決め、優先順位の高い仕事をやりきり、人に任せるなどして効率的に仕事を進めなければなりません。

そのテクニックが、あなたの今の問題を解決するヒントにもなります。

もう1つ、本書の特徴。

それは、私という**「現役のサラリーマン」**が書いているという点です。

仕事術の本は、経営者、学者、コンサルタントなどの方々が書くのが定番です。

どんなに理想的な仕事術が書かれていても、「いやいや、あなたはサラリーマンではありませんよね！」ってツッコみたくなりませんか？

いっぽう、現在もサラリーマンとして働いている私は、激務のビジネスパーソンであるあなたと同じ境遇です。

ですから、**理論や学術ではなく**、**実践的なこと**が書けるのです。

カリスマコンサルタントと言われているご高齢の先生が、新入社員向けのビジネス書で「雨が降っている日は気分が暗くなるので、職場全体に響く声で『**良いおしめりですね～**』と明るく言いましょう」と書いていました。

そんなひと言を新人が職場で叫んだら、「コイツ、どこかで頭でも打ったのか？」って思われて、この先の人間関係では、周りから距離を取られた不安なものになることでしょう。

「そうは言っても、税理士を含む5つの仕事をこなして、出版までもしているのだから、アナタは生まれつき頭が良かったんでしょ、努力しなくてもできる人なんでしょ？」と言われることもあります。

いえいえ、ご安心ください。その期待に反して、私は「できる人」どころか、超がつくダメダメ人間で、ダメダメな人生を送ってきました。

高校は偏差値30の全員合格の高校。大学は名前さえ書けば受かる夜間の学部。しかも留年。

高校を卒業する基準は「九九の暗唱ができれば良い」という都市伝説なみの甘い基準が噂されていました。「さすがに、そんなワケはないだろう」と思っていましたが、八の段の暗唱ができた友人は無事卒業し、七の段ができなかった友人は留年しました。

七か八の段が卒業のボーダーラインだったとは……都市伝説を上回る現実があることをはじめて知りました。

私が、どれくらい常識知らずで、無教養だったか。

高校時代の私は、鎖骨《さこつ》（言うまでもなく、首と胸の間にある左右の骨ですね）とは、首の左側の骨が左骨（サコツ）で、右側の骨が右骨（ウコツ）だと思っていました。「左骨はよくヒビが入ったと聞くけど、右骨はヒビが入ったって聞いたことがないな。そうか！　右利きの人が多いから右骨は鍛えられていて、折れないんだな」と、学会で発表できそうな仮説を立てて納得していました。

大学に入ってからも、相変わらずです。

「発端《ほったん》」を「はったん」と読み間違えていました。牛タンで有名な仙台には、「ゆるキャラハッタン」として実在していそうです（そのような事実はありません）。「妻子《さいし》」のことは「サイコ」と読み間違え、スリラー映画の名作のようになっていました。

「書留《かきとめ》」は「しょるい」と読み間違えていました。郵便局の窓口に行き、「げんきんしょるいでお願いします」と堂々と真っ直ぐ前を見つめて提出していました。郵便局の皆さんが優しいのか、世の中には100人に1人ぐらいは同じ間違えをする人がいるからなのか、指摘もされずに普通に受け取ってくれていました。

このように、私の無学無教養伝説をあげていったら、1冊の本が書けるほど。決して、頭がいい、特別な人間ではなく、それどころか人並み以下の人間でした。

あれから20年。こんな経歴の私が、なぜ効率的に仕事をして建設会社を残業せずに帰り、その他の仕事もソツなくこなすことができているのか？

結論を言うと、ビジネス書を読みまくり、セミナーを受けまくり、タイムマネジメントのノウハウを取得、**良いものは取り入れ実践し検証し改良し、悪い考え方やクセや仕事の進め方は、修正していき効率的に仕事をするようになったから。前述のように「残業をしなくなったから」です。**

もちろん、某講師の「良いおしめりですね～」は取り入れませんでした。

そして、私が自分を変えられた、もう1つの理由は、**やればできるという信念**。
稲盛和夫《いなもりかずお》さんが技術者に話したというエピソードが新聞に載っていました。

「ある夜一人の技術者が製品の寸法がどうしても合わないと悩んでいた。稲盛さんは『神に祈ったのか』とたずねる。『神に祈るしかないほど最後まで頑張ったか』という意味だ。すると彼は再挑戦を決意し、ついに難題を克服する」

最初は「安易な神頼み」の話だと思って読んでいたら、「もう最終手段で神に頼むしか方法がないほど君は考え抜いたのか、試したのか」という意味だったんですね。

このエピソードを読んでから、「私が仕事で悩んだと言っても、それほど大した悩みではない。徹底的に調べたり、寝ないでやったり、専門家に相談をすれば解決した問題ばかりだ。まして神に祈るほどの窮地には立っていない」と思いました。

さらに、仕事は自分のできる範囲のものしか与えられないということも学びました。

上司から、ある日、突然に、「明日からNASAに出向、そしてユーは、火星を目指せ」とか、「バンジージャンプ希望者に墜落制止用器具を付ける仕事が人手不足だ！ 岐阜県新旅足橋《しんたびそこばし》に行ってくれ」とか、「闘牛士がストライキをしている。急いでスペインへ飛んでマタドールになってくれ。どうか、ご無事で！」とは言われません。

どれだけ難しいと思える仕事でも、何とか頑張ればできる。その程度の仕事しか回ってこないのです。

私は、多くのビジネス書を読んで、次のように思いました。

・自分と大して能力の違わないヤツもやっている。自分にできないワケがない
・このレベルの困難になんて打ち勝ったヤツは大勢いる
・今、抱えている悩みは、世界の悩みランキングの何位だろう？ 多分1億位にもランクインされてない、ちっぽけな悩みだ

こんな意気込みと信念と思い込みがあれば、大抵の仕事の悩みは解決できるということです。

全員合格の高校から夜間大学へ進み、留年。入社した会社はブラック企業。20代前半の私は実に怠惰な生活を続けていました。

30代前半には、2年間無職。妻の扶養に入っていました。借金や子どもの出産──時金で食いつないだ時期もあります。

そんな私でも、変わることができました!

1日の時間の使い方を徹底的に見直し、発想を変え、ひたすら勉強することで、**30代前半の無職生活から40代での5つの仕事へ**と、人生を逆転したのです。

私でさえ、時間の使い方を変えることで人生を逆転できたのです。

時間の使い方1つで、何もかもが変わります。

新型コロナによって、テレワークになった方もたくさんいると思います。

もしかしたら、「在宅勤務なので、時間の使い方なんて関係ない」って思っていませんか？

いえいえ、とんでもありません。在宅であっても……いや、**在宅だからこそ、余計に時間管理は重要になった**のではないかと思います。

在宅で、時間が自由になったために、今後、時間をうまく使える人と浪費してしまう人の差は、ますます大きくなるでしょう。

今こそ、本書で、人生が逆転する実践的な時間術を学んで下さい。

私の1日の時間の使い方を公開することは、少し恥ずかしい気もしますが、あなたの仕事が劇的に変わるお手伝いになれば幸いです。

それでは、**今のあなたの現状と比べながら読んでみて下さい。**

石川和男

目次

おはようございます——まえがきに代えて 2

CHAPTER 1 起床

——すっきり目覚め、ポジティブに1日を始める方法—— 23

1. 夢は7割悪い夢だから、音楽で目覚めを良くする 24
2. テレビは見ない! 朝の習慣を変える利点 27
●朝のDVDは「利点」だらけ
●「DVDは無理」は単なる思い込み
●「家族がいて無理」って本当?
3. 「朝は怒らない」というルールを決める 41

CHAPTER 2 通勤準備

——ゲーム化して、50分の準備を20分に短縮する—— 47

1. ひとりM-1グランプリでスピードアップ 48
2. 時間はお金で買え！ 使う道具で差をつける 51
○ドライヤー○バスタオル○髭《ひげ》剃《そ》り
●割り算で考える！
3. ひとりM-1グランプリから除外すべきもの 61
○歯磨きだけは急がない○二度寝は、滝行《たきぎょう》で！○世界が平和になる魔法！

CHAPTER 3
通勤中
―その他大勢から抜け出すための通勤の技術― 71

1. どんな通勤手段でも、人生を変える時間の使い方を！ 72
●本を読めちゃうラッキーパーソン●本を読めないラッキーパーソン
●身体を鍛えられるラッキーパーソン
2. 勉強はPlan→Do→Checkの3段方式で 82
○Plan（計画）○Do（実行）○Check（評価）
●たとえば営業職の課長だったら……
3. 通勤時間の「やってはいけない」 89

CHAPTER 4
始業前
無駄なく雑務を片づける助走タイム 99
1. 始業30分前に出社し、雑務を片づける 100
●10秒の価値を認識する
○スケジュール帳で今日の予定の確認○スマホのメモ機能のチェック○メールの確認○業界紙を見る○領収証の取り出し
2. 「やることノート」に、後回し雑務を記入する 107
●記憶に頼らず記録する
3. 未来計画ノートがあなたの未来を作る 113
●成功者たちは書きまくる●紙に書く力は、証明されている
●適当！　思いつくまま書きまくる

CHAPTER 5
始業
仕事は「完全見える化」でストレスフリーに 129
1. 仕事は3か所にまとめる 130
●1か所にまとめようと試行錯誤

2. ノート・書類箱・ルーチンワークのビッグスリー 136
●「仕事の管理は付箋よりもノートで！」の理由
●書類箱に積み上げて書類を「見える化」する
●箱の中身は、次々に処理する！
●ルーチンワークは一覧を作り、コピーして使う●三種の神器、まとめ
3. やることの優先順位を「ベストテン」で決める 157
4. 緊急度×優先度で優先順位4時間分を再確認 163

CHAPTER 6

午前中

―もっとも重要なガムシャラタイムの使い方

1. ガムシャラタイムは優先順位1位から 174
2. 邪魔になる「質問」と「連絡」を排除する 178
3. 優先順位の高い仕事をやる4つの方法 182
●ガムシャラタイム集中法1　期限を決める
●ガムシャラタイム集中法2　仕事を細分化する
●ガムシャラタイム集中法3　ホラー映画仕事術
●ガムシャラタイム集中法4　仕事をゲームに変えてみる

CHAPTER 7

ランチ

自分の未来のための活動に使う

199

1. 昼食前　ミーティング＋新聞の時間　200

●昼食前ミーティングでやることは？

2. ヒルナンデス、眠いんです！　206

3. もう両手で食事をしている暇はない？　209

4. ランチ会があなたの世界を変える　213

5. 仕事をしてはいけない　216

CHAPTER 8

午後

前半・後半に分けて後半に2時間集中する

223

1. 午後の前半戦は、頭を使わない100本ノック方式で　224

●重要なお客様との商談だけは例外

2. 午後の後半戦は、自分に賞罰を与えて仕事を楽しむ　231

●第2次ガムシャラタイムも2時間で

CHAPTER 9 帰宅
明日に差をつける退社前の習慣 237
1. 今日何をやったかを振り返る 238
2. 机の上を片づけて、気が散る物を排除する 240
3. その他大勢から抜け出す退社の技術 246

CHAPTER 10 就寝
新しい朝を迎えるためにすべきたった1つのこと 255
1. そして新しい朝が来る！ 256

現実の夢の実現に向けて——あとがきに代えて 261
●あとがきのあとがき 266

装丁　井上篤（100mm design）
図版　J-ART
編集協力　西沢泰生

CHAPTER
1

起床

すっきり目覚め、ポジティブに1日を始める方法

1．夢は7割悪い夢だから、音楽で目覚めを良くする

朝。

カーテンの隙間から射す光。

スズメの鳴く声。

キッチンから漂うコーヒーの香り。

そして、静かなまどろみから、一瞬で現実世界へと引き戻しにくる目覚まし時計の音。針の指す時刻は7時。

「もうこんな時間か？　そろそろ起きないと」と思っても起きたくない。

寝返りを打って羽毛フトンを抱きしめながら、「なんだか気分が乗らないな〜。なんか分からないけど気分が落ちてるな〜」

そんなネガティブな朝を迎えたことはありませんか？

「あるある！」と、答えたあなたは、覚えていない夢が原因かもしれません。

あなたは、毎日、どんな夢を見ていますか？

「毎日なんて見てないよ」と答えるかもしれませんが、覚えているかどうかは別にして、夢は毎日見ていると言われています。

どんな夢を見るかは、希望や願望などのポジティブな気持ちが強いときと、ストレス、心配事、不安、不快、恐怖、悩み、怒り、恨み、苦しみ、悲しみなどのネガティブな気持ちが強いときとでは異なります。

夢の7割は、ネガティブな悪い夢だという説もあります。

夢の内容を覚えていれば、悪い夢でも「あ〜夢だった、良かった」と拭《ぬぐ》い去ることができますが、**問題は内容を覚えていないとき**。目覚めが悪い朝は、覚えていないだけで悪い夢を見ていた可能性が高いのです。

たとえば……。

「ゾンビに追いかけられる夢」

「鬼に家族を殺される夢」

「巨人に食われる夢」

たとえが限りなくアニメっぽくて恐縮ですが、あなたは覚えていないだけで、そんな夢から目覚めたばかりなのかもしれません。

では、そんな「ノリが悪い朝」をどうするか？

目覚めたときに、その「悪夢のなごり」を一瞬で消し去る魔法をかけましょう。

その魔法は、実に簡単。


「明るく元気になる曲♪♪」で起き上がる！　それだけです。


定番中の定番の曲だと、映画「ロッキー」のテーマ。アントニオ猪木の入場曲「炎のファイター」などが個人的にはおすすめです。

タイマーにして最初は音量を低く、そこから徐々に音量を上げていく。

毎朝の目覚めにヤル気がみなぎります。ロッキーがゾンビを退治し、猪木が鬼を追い払ってくれます。

もちろん「ももいろクローバーZ」や「LiSA」など明るく元気になれる曲なら何でもオーケーです。

記憶は次々と新しいものに塗り替えられていきます。起きて寝ぼけて何もしないよりも、明るく元気になる曲を聴いて悪い夢の記憶も塗り替えていくのです。

注意点は1つだけ。明るく元気な曲を選ぶこと！

いくら好きでも、目覚めに泣ける曲を選んではいけません（もちろん好きな曲が明るい曲なら問題はありません）。

あとは、好きで、明るい曲でもダメなのは、思い出の曲。

以前付き合っていた人との思い出の曲、人生で最高に良かったと思えるときの曲、卒業式や学生時代の懐かしい曲などは、しばらく起き上がることができなくなります。まあ、眠れなくもなりますが。

朝は、とにかく、まずはネガティブからの脱出！

明るく楽しく元気になれる前向きな曲で起き上がりましょう!!

2. テレビは見ない！　朝の習慣を変える利点

明るく元気になれる曲で悪い夢を拭い去ったあなたは、出社準備のためにリビングにやって来ました。

「よし！　今日は明るい朝を迎えたな～」と安心するのは、まだ早い。

ネガティブ・ワールドを全開にさせる恐ろしいワナが仕掛けられています。

それは、**テレビの情報番組！**

もちろん、テレビ番組全部が悪いと言っているわけではありません。

会社から帰って、ビール片手に好きなドラマやスポーツ観戦なら、気分転換に持ってこいです。教育番組やクイズ番組で知識や教養を高めることもできます。テレビには良い要素がたくさんあります。

し・か・し。

朝は、見る番組の内容に注意しなければなりません。

さっきも言ったように、もっとも危険なのは、朝の情報番組！

その内容は、**殺人、強盗、虐待、いじめ、クスリ、芸能人の離婚、政治家の不祥事と、ネガティブ情報**であふれています。最近はこれに新型コロナも加わり、まさにネガティブ情報のフルコース状態。

暗い気持ちになったり、腹が立ったりする情報であふれかえっています。

しかも、チャンネルを変えさせないために、人の不幸でCMまたぎ。

「桑畑を耕していたクマゴロウ容疑者78歳は、内縁の妻フクベコさん70歳のアタマをコンニャクで！　が、そのとき……」でコマーシャル。

「衝撃！　詐欺の手口。『主人の遺産3億円を使いきれません。どなたか親切な方がいらっしゃったら使って下さい』という未亡人から来たメールに、被害者の男性は、つい返信。その結果……」でコマーシャル。

「CMを見せるために人の不幸を利用するな！」ですが、先が知りたくてシャワーを浴びにいけない、という実害も出てきます。朝の情報番組は、麻薬のように誘惑してきますが、これに乗っかるとロクなことはありません。

だから、朝はテレビをつけないほうがいいのです。

では、テレビをつけないでどうするのか？


自分の能力を高めるために、DVDを見ながら出社準備をするのです。

英語やフランス語などの語学を話せるようになりたい。松下幸之助《まつしたこうのすけ》や孫正義《そんまさよし》の経営理論を勉強したい。財務分析や経済学を知りたい。ファイナンシャルプランナーや簿記の資格を取りたい。あなたが希望する、能力アップのためのDVDは、いくらでもあります。

その他大勢の人たちは、情報番組を見て、朝からネガティブになっています。ネガティブな気持ちは生産性を約30％落とし、ミスが約15％増えるというデータもあります。

あなたは、朝の準備時間でネガティブな気持ちになることなく、自分の力を磨き、他の人たちに差をつけることができるのです。

●朝のDVDは「利点」だらけ

普段、勉強する時間がないと嘆いている方は、朝の準備時間を利用すれば、毎日20～30分を作りだすことができるのです。

DVDは、書店や通販会社でも販売しています。また、レンタル店も、セミナーや講演、自己啓発、語学などのDVDコーナーの品揃えが充実しています。買うより安いし、7泊8日という期限つきなのも好都合。**期限は人を燃えさせます。**

出社準備をしながらなので、画面に釘《くぎ》付けになる必要はありません。集中するのは難しいので、何回も何回も耳に残るぐらい繰り返し流しましょう。

あっ、もちろんＣＤやオーディオブックでも構いません。

かつての私の書斎には、セミナーを受講したときに購入したＤＶＤや、参加者特典でもらったＤＶＤが散乱していました。

いつか見よう、来週は見よう、明日こそ見ようと思っていても、仕事から帰った後や休日には、なかなか見る気になれません。「見たいけど見ていないＤＶＤ」は日に日に増えていき、光を反射する丸いディスクは、カラス除《よ》けに使っているとしか思えない状態でずっと放置されていました。

そこで思いついたのが、朝の出社準備時間の活用だったのです。

テレビのネガティブな情報番組は見たくない。だからといって、掛け時計の秒針が奏《かな》でる「カチッカチッカチッ」という音だけが響く静寂な世界で準備するのも嫌だ。ラジオも情報が散漫だと思っていたときに、山と積まれたＤＶＤと目が合ったのです。

眩《まぶ》しいばかりに陽を反射しているＤＶＤ。カラスならその眩しさに逃げていくところです。しかし、私にはその光が、財宝のように光り輝いて見えたのでした。

朝の準備の時間を使ってＤＶＤを見ると、さまざまなメリットがあります。

・ネガティブなテレビ番組を見る必要がなくなる

・テレビ番組を見なくても無音で準備する味気なさが解消される

・ＤＶＤが片づく

・スキルや教養が身につく

・その他大勢から抜け出せる

メリットはまだあります。

テレビ番組だと、ドライヤーの音で聞き取れない、シャワーに入る時間には途中で見られなくなる。そのたびに準備の動作が止まってしまいますが、ＤＶＤなら、巻き戻しや一時停止が可能。**CMまたぎでイライラすることもなし。**

数えきれないほどのメリットで、一石何鳥になっているかも分からないほど。

朝の準備時間にDVDを見ていると、**カラス以外の鳥が何羽も集まってくるよう**です。


悪い夢のほかにも、低血圧、眠りが浅い方などは、お笑い系のDVDもお薦めです。


私は、「講師能力を磨くため」という理由にかこつけて、「M―1グランプリ」などのお笑い系DVDをよく借ります。

冗談ではなく、芸人の「間」の取り方やストーリー展開は、講師として、おおいに勉強になるのです。

そして、勉強のためと言いながら、朝から家族一同が大爆笑。

講師としての能力を磨くという目的を達成し、さらに、1日を爆笑からスタートする。そんな素敵な時間を過ごすことだってできます。

それに、「1日20分笑うと認知症にならない」という説があるなど、笑いはストレスを解消し、免疫力を高め、心身ともに健康にさせる効果があるとされています。

医者や研究者が言っていることを信じない人でも、笑って気分が悪くなるという人はいませんよね。笑いながら怒ることは、普通の人にはできません。朝一番に笑うことで、今日1日を明るく過ごすことができるのです。

●「DVDは無理」は単なる思い込み

仕事術のセミナーでこの話をすると「DVDは無理」という方がいます。「DVDデッキを持っていない」という理由なら、「買って下さい」とアドバイスします。ご希望なら埼玉で1番安い電気屋を紹介することもできます。

しかし、多くの方が、違う理由で「無理です」とおっしゃるのです。

それは、「今までの習慣だから、変えられない」と。

人によっては30年以上という長い年月にわたって、テレビ画面の左端に映し出されている時計で朝の時間を管理している。そういう方が、「テレビを消してDVD

なんて無理。今さら変えられないよ」とおっしゃる。

ここでハッキリ言います。

それは**単なる思い込み**です！

勤務時間中のことを考えれば分かります。

上司から、「10時から打ち合わせがあるけどテレビつけてくれる？　今、何時か分からないから」と指示されたことがありますか？

「ちゃんとテレビを見てないと、商談に行く時間に遅れちゃうじゃないか」と叱られたことがありますか？

会社では、普通に掛け時計や腕時計、スマホなどで時間の確認をしています。

「テレビ画面じゃないと、朝時間の管理ができない」というのは、単なる長年の習慣であり、思い込み以外の何ものでもないのです。

朝。あなたがDVDを見ることを習慣にするか、テレビを見ることを習慣にするか。

『7つの習慣』（キングベアー出版）の、スティーブン・R・コヴィー博士も言っているように、「**習慣は、利益になるように使うこともできれば、破綻をきたすよ**

うに使うこともできる」のです。

習慣を使いこなすかどうかは、あなた次第です。

●「家族がいて無理」って本当？

朝のDVDについて、セミナー終了後の居酒屋での懇親会で、こんな反論を受けたことがありました。

「うちには小学生の子どもがいるんで、無理です」

ちょうど、口のなかに大きなカツオのタタキが入っていて、すぐに返事ができなかったのが良かった。もし、すぐにしゃべれる状態だったら、思わず「情けない」って、失礼なことを口走ってしまったかもしれません。

よく聞くと、小学生の子どもがいてチャンネル権を握られているとのこと。

朝にテレビを消して、自分のためのDVDを見るというと、子どもからテレビを取り上げる悪人のように聞こえます。

でも。本当にそうでしょうか？

ちなみに、家族が見たい番組を優先して、父親が好きな番組を見られないなんて、私の子どもの頃のわが家では考えられませんでした。

『キン肉マン』を見たいのに相撲中継。相撲が終わった後の、ほんのわずかな時間に『トムとジェリー』を4分だけ見られる。

6時のニュースを見た後は、ローカルニュースに7時のニュース。7時のニュースは土曜日だけは早く終わるので、7時15分ぐらいから『ドラゴンボール』を見て、前半部分がどうだったかを想像する。

そして、8時台は、毎日のように、『水戸黄門』『遠山の金さん』『必殺仕事人』と時代劇のオンパレード……。

子どもは、ほんのわずかな時間しか、テレビを見る権利はありませんでした。

でも、だからといって楽しくなかったかというと、そんなことはなくて、生活は充実していました。テレビが見られない分、ほかの遊びを考えて、自分の力で楽しみを作り出していたからです。『ドラゴンボール』に至っては、後半部分しか見られないので、前半部分の内容を想像することでクリエイティブな力も養えたと思います。

私の子ども時代に比べ、今の子どもは好きな番組を見放題です。見たい番組が親と被っても、録画しておけば、好きな時間に見られます。なんて便利で贅沢なんでしょう。

わが家は、親が映画好きだったので、夜9時から放送されていた洋画劇場をよく一緒に見ましが、録画などという魔法が使えなかったのでたいへんでした。

新聞の番組表で大好きなアクション映画が放送されると分かった瞬間、私の1日は、それ中心の生活が始まります。食事も風呂も宿題も終わらせ、トイレも済ませてサイダー片手にテレビを楽しむ。この機会を逃したら、いつ再放送されるかも分からない。真剣にテレビにかぶりつきになって映画を楽しんだものです。

今は、レンタルも配信もある世の中。巻き戻しも一時停止も可能。便利になりましたが、今しか見られないという真剣味と集中力がなくなったように思います。レンタルも録画もできない時代のほうが、当たり前ではない価値を見つけることができ、楽しかったのかもしれません。

テレビ番組以外でも、完成された高度で綺麗なテレビゲームやアプリまでたくさんあります。子どもたちは、自分で楽しみを作り出すという機会がなかなかないために、いざ、旅行に行っても楽しみを見出せない。旅行先でも、ずっと手元でゲームをやり続けてしまう……。

あれ？　何の話でしたっけ？

そうだ、「うちには小学生の子どもがいるんで、朝に自分のためのＤＶＤを見るなんて無理です」っていう話でした。

時を戻しましょう。

私にも、小学生の子どもが2人います。

それでも私は、朝、子どもにはまったく無縁のＤＶＤ、たとえば投資に関するＤＶＤを流しています。子どもと一緒に、クリス岡崎さんの『笑いながら夢をかなえる億万長者専門学校』（世界ナンバーワンの成功法のコーチとして有名なアンソニー・ロビンス氏を師事しているクリスさんによる、軽妙な語り口がクセになるＤＶＤ）を見たりしているのです。

私はクリスさんのファンですが、さすがに9歳の娘にはまだ理解できないと思っていました。

ところが、ある日、一緒に遊んでいるときに、娘が、「できないと思ったら〜やらなければならない」「混乱！　おめでとう！」という、クリスさんのフレーズをマネしたのです。

「できないと思ったら〜やらなければならない」は、ピンチを迎えたとき、その困難から逃げ出さないために口ずさむフレーズ。

「混乱！　おめでとう！」は、難しい問題に際して混乱したときこそ、成長のチャンス。だから、混乱は良いことだと認識するのに使うフレーズです。

ただの耳学問とは言え、9歳にしてそんな言葉を口ずさむ娘。

これからの人生で、本当に困難な場面になったら、この言葉を唱えてヒントにしてほしい。


いかがですか？

これでも、「小学生がいるから、ＤＶＤは無理」と思いますか？

子どもに、殺人事件や芸能人の浮気やクスリによる自粛なんていうニュースを見せるよりも、生きるヒントを与えてくれるDVDを見せたほうが、ずっと人生のためになると思うのです。

最近は、コロナによって自粛しているかもしれませんが、いっとき、「朝活」という勉強会や自己啓発の集まりが、盛んに行われていました。

「朝っぱらからそんなものに参加している時間はない」というあなたも、ぜひ、**朝、会社へ行く準備をする20〜30分の時間を、朝活代わりに、活用してみて下さい。**

3.「朝は怒らない」というルールを決める

ネガティブから脱出するためには、明るい曲で起き上がる。

テレビの情報番組を見ないで、自分のためになるDVDを流す。

この2つだけでも、あなたの朝が、だいぶ快適なものになってきたはずです。

ここで、さらにもう1つ、朝のルール。

もしかしたら、人によっては、これがもっとも効果があるかもしれません。

ネガティブ脱出3部作の最後を飾るのは……。


「朝は怒らない」というルールを決める!


10人家族だろうが、4人家族だろうが、いや、夫婦2人だけでも、家族がいるということは、自分以外の人と朝を共にしているということです。

朝から嫌な思いをしたくないなら、「朝は怒らない」というルールを決めましょう。そうしないと、味噌汁の数だけ、リビングに負のオーラが漂うことになりかねません。

昨日の夜に、堺雅人《さかいまさと》と堺正章《まさあき》ではどっちの演技が上手いかで夫婦ゲンカをしていても、楽しみにしていた「マイ・ベビースターラーメン」が勝手に食べられていても、頼まれた用事をやっているうちに、米津玄師《よねづけんし》のライブ前売り券が売切れてしまっても、朝は、絶対に怒らないと決めるのです。

朝、家族が皆、時間に追われて雰囲気があまり良くないと思う方は、ぜひ、家族に、こう提案してみて下さい。

「これから朝は怒らないというルールにしよう。朝は寝不足だったり、イヤな夢を見たり、時間に追われたりで機嫌が悪いことが多い。お互いに機嫌が悪いと些細なことでケンカになる。意識して怒らないようにしよう。それに考えたら、家族全員が集まれるのは朝だけだし……。だから、朝は怒らないことにしよう」

会社で意味不明なクレームを言ってくるお客に謝ったり。
近所のオバサンから、ゴミ出しのゴミの位置で文句を言われたり。
学校で親友と口ゲンカしたり。

家族はそれぞれ、昼間、お互いが知りえないところで、いろいろと不機嫌になるドラマが展開されているもの。

不機嫌のタネは、全員が抱えています。

それに、昼間なら気にも留めない小言でも、朝に言われたら神経過敏で不愉快になります。他人同士なら気兼ねもするけど、家族なだけに言いたいことも言い放題。挙句の果てには朝から大ゲンカ。どちらかが先に家を出るので話も中途半端な状況に。解決していないので、朝のケンカは、1日中不機嫌と不満と不安が続いてしまいます。

そんな状況にならないためにも、意識して「朝は怒らない」と決めるのです。意識をするだけで、「普段だったら気にも留めないことなのに、オレ今怒っているな」と気づくことができます。

朝は、「おはよう」と明るく挨拶をして、「いってらっしゃい」と送り出し、「いってきます」と家を出る。

当たり前のことをするだけで、気持ちの良い1日を送ることができるのです。

機嫌の悪い可能性のある家族全員が一斉に集まる、地雷原のような朝のリビング。プロレスで言えばリングです。リングで試合開始のゴングが鳴らないように、怒らないというルールを決めて明るい朝を過ごしましょう。

CHAPTER 1　まとめ

1　夢は7割悪い夢だから、音楽で目覚めを良くする

・あなたも覚えていないだけで悪い夢を見ているかもしれない
・明るく元気になる曲で起き上がる

2　テレビは見ない！　朝の習慣を変える利点

・朝の情報番組はネガティブ情報満載
・テレビを消してDVDを見ながら朝の準備をする
・DVDを見ると――ネガティブな番組を見る必要がなくなる／無音の中で準備するという味気なさが解消される／見ていなかったDVDが片づく／スキルや教養が身に付く／その他大勢から抜け出せる／巻き戻しや一時停止ができる／CMまたぎでイライラすることもない

3　「朝は怒らない」というルールを決める

・朝の小言は大ゲンカになりやすい
・家族がいる人は、朝は明るく「おはよう」「いってらっしゃい」「いってきます」の挨拶で気持ちの良い1日を送る

CHAPTER 2

通勤準備

ゲーム化して、50分の準備を20分に短縮する

1. ひとりM—1グランプリでスピードアップ

グッドモーニングを本当にグッドなモーニングにするためには、ネガティブからの脱出だけではダメです。

決められた時間、つまり、出社時間に間に合うように、準備をしなければなりません。

せっかく明るい朝を迎えても、遅刻をすればすべてが帳消し。上司に怒られ、嫌な気分のまま1日を過ごすことになります。

出勤は早いに越したことはありません。少なくとも、始業30分前に会社に着くのが理想です。

それなのに、朝は、着替え、シャワー、シャンプー、トリートメント、歯磨き、髭剃り、洗顔、髪のセット、綿棒での耳掃除とやることが満載。女性だったら、お化粧も必要です。

いつも単調で、無意識にやっている、出勤の準備。

私は、あえて時間を意識して、**キッチンタイマーを使ってゲーム感覚で行っています。**

朝の準備は、毎日同じことの繰り返しであるがゆえに、多くの人はほとんど無意識でやっています。

これを意識して行うのです。

シャワーは10分、髪のセットと耳掃除で7分というように、時間を想定しタイマーをセットしてから用意を始めます。

タイマーを10分にセットしてバスルームへ。出たらストップのボタンを押す。残り時間は13秒。おおっ、セーフ！

ドライヤーで髪をセット&耳掃除……ミッション時間を4秒残して完了！

着替え。ワイシャツのボタンを止め、慌ててタイマーを止める。残り1秒でクリア！　危なかった……。

まるで、世界征服を狙う悪の秘密結社が町中に仕掛けた時限爆弾を科学捜査隊から派遣された爆弾処理班の私が解除するように、次々と任務を遂行していきます。

毎日、朝から「スリリングな時間との戦い」の連続。

自分が主演のアクション映画のようです。

時間内にストップボタンを押せたから爆発せずに済んだ。私は、「私のシャワー短縮能力」によって助かったことも知らないでメロンパンを食べている家族の命を救ったのだ！　いや、浦和4丁目町内会の平和を守ったのだ！

そんな、空想にふけって、楽しみながら支度を進める。

つまり、**無味乾燥な朝の準備を、ゲームの時間にしてしまう**のです！

もし、時間通りにバスルームから出てこられなければ、髪のセットの時間を削って帳尻を合わせます。まるで、次の世代にシワ寄せする国の政策みたいに、次にやることに負荷をかけるのです。

目標時間通りに終わらせてタイマーのスイッチを止める。たったそれだけの行為が朝の時間を楽しいゲームに変えてくれます。

人は本来「なまけもの」。しかし、タイマーをセットして、目標設定した途端、不思議とスピーディーな「チーター」に変わります。

昨日は、朝の準備にトータル29分28秒かかったから、今日は29分20秒でやり遂げよう！

オリンピックを目指すアスリートのごとき秒単位の戦い。

昨日より今日の準備時間を短縮する。たったひとりの「M（モーニング）―1グランプリ」！

あなたも、時限爆弾が爆発する前に、スイッチを止める気持ちで朝の準備をしてみて下さい。

楽しみながら時間短縮、間違いなしです。

2. 時間はお金で買え！　使う道具で差をつける

人が1日に使える時間は、例外なく全員が24時間です。

亀を助けたから26時間に増えることも、イジメたから22時間に減ることもありません。

北は北海道、南は沖縄まで。いやいや日本レベルの話ではなく**全世界、全人類、全生物が共通して、利用できる時間は、1日24時間**と決まっています。

起きてから出社するまでの準備の時間。全ビジネスパーソンにとって、準備は避けては通れない時間です。

この避けて通れない時間。**50分の準備時間を20分に短縮できれば、1日30分の時間が生まれます。**逆に、50分の準備時間に80分かけてしまうと1日30分の時間が失われます。

1日24時間は決まっていますが、自分自身で、時間の調整をして、有効な時間を生み出すことができるのです。

では、それをどうやって行えばよいのか？

ズバリ、時間をお金で買うのです！

1日24時間の中でも、とりわけ、朝の準備時間は貴重です。時間を短縮するためなら、思い切って良い製品を買いましょう。**高品質、高性能な製品にお金を使えば、時間は短縮され、他の人と差をつけることができるのです。**

では、朝に使う代表的な製品3つについて見ていきましょう。

○ドライヤー

髪を乾かしセットするために使うドライヤー。

乾く速さは、「風量、風速、風圧」などで決まります。

地方の古い旅館に行くと「髪に優しすぎじゃない？」と思うドライヤーに遭遇することがあります。そよ風のような心優しきドライヤー。いつまで経っても乾かない。電源コードがダイレクトに壁から出ていて盗まれないようになっているタイプ。「いやいや、このドライヤー、誰も盗まないから！」と、ツッコミを入れながら、髪を乾かしていくのです。

自宅で使うドライヤーが、この旅館と同じ製品なら、毎朝がイライラとの戦いになってしまいます。

髪が傷まないようにという配慮は、ナノケアやマイナスイオン効果のあるドライヤーを選ぶとして、時間の観点からは、早く乾く1200ワット以上の製品を使って準備の時間を短縮しましょう。

安物のドライヤーは、いつまで経っても半乾き。ジメジメした頭が、気分までジメジメさせてしまいます。

○バスタオル

シャワーから出たときに、濡れた髪や身体を拭くバスタオル。

その吸水力によって、朝の準備スピードに差が出ます。

素材によっては、思わずツッコミたくなるタオルもあります。

「えっ！　オマエなに？　水はけ良過ぎじゃない？　もしかして自分のことを高級外車の生まれ変わりだと思ってない？　完璧なコーティングをしているアウディの

ように水を弾《はじ》くんですけど。いやっ！　褒めてないから！」

タオルが水分を吸収しないということは、髪や身体は濡れたまま。

このタオルで髪を拭いて、前述の古き良き旅館のドライヤーで髪を乾かすと、家に居ながらにしてミストサウナ状態を味わえます。もちろん、と〜っても不快なミストサウナですが。

朝の貴重な時間。髪の水分を早く拭き取り、次の行動に移りたい。

ネットでタオルについて検索してみると、実に大勢の方々が、吸水力や拭き心地について言及していて、高い関心を寄せているのが分かります。

タオルの素材もピンからキリまで。

朝の貴重な時間を、早く、そして気持ちよく過ごしたいなら、多少は値段が高くても、柔らかくて、肌触りが良く、吸水力の高いタオルを使いたいものです。

○髭剃《ひげそ》り

サラリーマンなら毎朝剃る髭。生やして出社しても良い会社も増えましたが、今でも禁止にしている会社のほうが多い。

新入社員の頃、「人類はもうかなり進化しているんだから、毎朝剃る髭も、いい加減退化して、無くなってくれても良いのにな」と思っていました。

さて。ここに4千円と1万円の電気シェーバーがあるとします。

前者は経済的ですが、剃るのに毎朝10分かかる。しかも剃り残しアリ。

後者は高価ですが、剃るのに3分しかかからない。しかも完璧な仕上がり。

金額で検証すると前者のほうが6千円お得ですが、時間で検証すると後者は毎朝7分間を短縮できる。

差額である6千円は、100日使えば1日あたり60円の差。1年で300回剃るとしたら、1日あたり20円の差でしかないのです。

さらに5年は使えるとしたら1日あたりたったの4円!

4円をケチって、1日7分間を無駄にし続けるか?

4円を出費して、毎日7分間の時間を得するか?

私なら、迷いなく7分間を短縮できる1万円の電気シェーバーを選びます。

完璧な仕上がりで、時間も短縮できたほうが気持ちも引き締まるし、洗面台を独占する時間も減ることになる。

高級志向とか贅沢とかではありません。**目先の利益よりも、長い目で見たときに得をするか損をするかで考える**のです。

●割り算で考える！

高級志向で思い出しました。

「あなたが、もし30万円のロレックスの腕時計が欲しいと思ったら。家族をどのように説得しますか？」

これは、『「仕事」に使える数学』（ダイヤモンド社）の著者で、ビジネス数学の第一人者、そして、友人でもある深沢真太郎《ふかさわしんたろう》さんのセミナーを受けたときに出された問題です。

30万円の腕時計が欲しいなんて、説得するのはとても無理だと諦めてしまいがちです。

私は、どう説得するか悩みましたが、答えは簡単でした。

こうお願いするのです。

「1日80円小遣いを上げてくれない？」

これに対して、「80円ぐらいなら良いわよ」と言われれば説得成功。

たったこれだけ。

ロレックスはご存知のように高級時計。購入したら少なくとも10年は使えます。

10年間使うとして、365日×10年で3650日。

30万円を3650日で割ったら、1日約80円。

これが「1日80円小遣いを上げてくれない？」のカラクリです。

高い買い物も、得をする期間で割り算をすると、ただみたいなもの。

先ほどの電気シェーバーにもつながる話です。

このセミナーを受けて思いました。

モノの価値は、金額だけではなく、使用できる頻度や期間や満足度を考慮する必要があるのですね。

ちなみに、私は10代から髪の毛にコンプレックスがありました。太くて硬くて量が多いので、まとまらないのです。

理髪店でも髪を切るのに時間がかかります。仲の良くなった理容師からは「ハサミがすぐダメになるからハサミ代が欲しい……冗談だけどね」と行くたびに笑いながら言われていました。ただ、理容師の目が笑っていたことは1度もありません。ほかの理容師には「パンチパーマか、スキンヘッドか、どちらかを選びなさい」と言われる始末。

伸びるのも早く、末広がりに伸びていくので縁起は良いかもしれませんが、収拾がつかない。30代、40代と歳を重ねるごとに髪が多いことは恵まれていると思うこともありますが、髪のセットに時間がかかることには変わりはありません。

毎朝、髪の毛のセットに30分以上もかかってしまう鬱陶《うっとう》しさ、想像してみてください。

そんな私は、今、時間をお金で買っています。

美容院で髪を立たないレベルまで、すいてもらい、特殊な香料の入ったカラーを使って、髪の毛が膨《ふく》らまないように落ち着かせているのです。

1か月に1回行く美容院代と特殊なカラーリングはそれなりの出費ですが、朝の貴重な時間を短縮できることを考えたら安いモノです。

以前、30分以上もかかっていた髪のセット。今は何分ぐらいだと思いますか?

なんと、答えは0分!

本書がビジネス書じゃなかったら、0分の後に、(^_^)/☆を入れたいところです。

洗ったまま自然に乾かしておくだけでセットが不要。ドライヤー要らず。もちろんジェルも何もつけずに出社です。

これは、お金をかける価値が十分にあります。

いかがですか?

毎朝の準備時間は、使う製品によって差が出るのです。

会社へ行かない日、プライベートで出かけるときにも必ず準備はしますよね。

毎朝10分の短縮でも、一生で考えたら途方もない時間です。

お金だったら使った分、もう1度稼げば戻ってきます。しかし、時間は何があっても絶対に取り戻せません。

今、この瞬間より以前の時間を取り戻す手段はないのです。

1日24時間という全人類が平等に与えられた時間。この時間を有意義に過ごすために、**お金で買える時間は、どんどん買ってしまいましょう。**

3. ひとりM―1グランプリから除外すべきもの

このCHAPTERの最初で、ひとりモーニング―ワングランプリ、略して「ひとりM―1グランプリ」を開催して、ゲーム感覚で、昨日の自分の記録と競いましょうとお伝えしました。

『バカの壁』（新潮社）の著者である養老孟司《ようろうたけし》さんの「昨日の自分と今日の自分とは違うのです」という言葉をふと思い出します。

朝の準備は、スピード、スピード、スピード！

身支度をするという目的だけなら競い合いです。1秒でも早く済ませて、違うことに時間を使ったほうが良い。
ただし、3つだけ例外があります。ここは時間をかけてもいいですよ、ひと手間かけてもいいですよ、という例外。それは次の3つです。

○歯磨きだけは急がない

例外の1つ目は、**歯磨きだけは急がない**。

「いやいや、朝の貴重な時間、歯磨きだって高速でしょう!」と、そう思ったあなたに、私の体験をお話ししましょう。

バスルームから飛び出してマッハで準備。次から次へと記録更新。このままのペースなら日本新だ。いや1人で開催しているから事実上の世界新だ。

そんな思いで、「ひとりM―1グランプリ」をやっていました。

その日は、歯磨きを56秒で終わらせようとして、歯ブラシを口の中に勢いよく入れ、高速で磨いていました。と、そのときです。

ガチッ！

歯ブラシを歯茎に強打。白い歯磨き粉に血が混じってピンク色に。ピンクは癒し系の色だけど、このピンクには気が滅入りました。

歯磨きだけは気をつけて下さい。歯茎を傷めて歯医者に通うことになったら、それこそ時間の無駄になってしまいます。

歯は本当に大切です。ひと昔前に「芸能人は歯が命」というコマーシャルがありました。あれは一般人にも当てはまります。

歯磨きをおろそかにして、歯医者に行って治療する時間、痛み、ストレスに比べたら、隅々まで時間をかけて磨いたほうが結果的に良いのです。

○二度寝は、滝行《たきぎょう》で！

2つ目は、どうしても眠たいときの対処法です。

目覚まし時計で目を覚ます。時計を見ると朝7時。

「自分だけの秘密だけど、実は時計を10分進めているんだ。だから本当は、まだ6

時50分なのさ。ふふふっ、あと10分は眠れるな……ZZZ」。

羽毛フトンを抱きしめて極楽気分で二度寝し、はっと気づいたときには7時半。はい、今日も遅刻確定。これ、私が20代だったころのいつものパターンです。

慌てて髪を濡らしてシャツに手を通しながら、歯も磨かずに満員電車へ。汗だくの体は、汗くさいのか大丈夫なのかも分からない。ただ、満員なのでほかの乗客は逃げることができないということだけが分かっている。肩身の狭い思いをして歯も磨いていないので鼻呼吸だけで電車で通う。

こんな状況では朝から笑顔になれません。会社に着いたら、顔も上げずにひたすら頭を下げて「**申し訳ありません**」**から始まるネガティブスタート**。

この繰り返しでは仕事の効率以前の問題です。

ここで、二度寝をしても遅刻をしないで済む方法を紹介しましょう。

それは……。


二度寝は、**フトンで寝ないで、バスルームで寝る！**

どんなに眠くても、目が開かなくても、目覚まし時計で1度覚醒したら、這ってでも、バスルームに行くのです。

たどりつければ、あなたの勝ちです。

あとは、バスルームのイスに座りシャワーの蛇口を開きます。全身に当たる飛沫は、**マイナスイオン**を発生させ、あなたの身体を優しく包んでくれます。目は閉じたままでいいのです。瞑想と言い張って寝ていても構いません。

ロダンの「考える人」のような格好になって、何も考えないで寝て下さい。

フトンで二度寝をすると、熟睡して遅刻する可能性があります。

しかし、シャワーを浴びていれば、二度寝しても長く寝ていることはありません。

フトンでの二度寝は惰眠《だみん》をむさぼっているマイナスイメージ。

バスルームでシャワーを浴びながらの二度寝は、まるで朝早くから滝に打たれて修行している修行僧の滝行のようなプラスイメージ。

どちらも「二度寝」なのに、この違いは何？　と思ってしまいます。

二度寝クセのある方は、ほふく前進でもいいので、バスルームまで、何とかたどり着いて下さい。たどり着ければ、シャワーという滝行で気分は爽快です。

実際にやっている私が言うのですから間違いありません。

○世界が平和になる魔法！

スピード第1の「ひとりM―1グランプリ」においても、しっかりとやりたい例外。

最後は、「香りの身だしなみ」です。

突然ですが、国土交通省は、各地の工事現場を対象に、作業員の賃金調査を定期的に行っています。

これは建設会社にとっては、大切な調査です。作業員の賃金が上昇しているか下降しているかで、公共工事の金額にも影響が出るからです。

ランダムに選ばれた作業所は、元請会社の担当と下請会社の経営者たちが会場へ行き、作成した賃金資料の説明をしなければなりません。

建設関係で働くガテン系。狭い会場に体格の良い人たちが集まっている。10人乗りのエレベーターなら7人で「ブ、ブー」となってしまいそうなメンバー。用意されたパイプ椅子《いす》もやけに小さく見えます。

普段、話さない者同士が、狭い間隔で置かれた椅子に座って調査を待つ。自分だけ本を読みながら待つ雰囲気ではなく、ディズニーランドで行列を作って待つのとも明らかに違う雰囲気。自分の縄張りであるパーソナルスペースに入ってこられる不快感からか、緊張感からか、会場は少し殺気立って感じられます。

私が総務経理をやっている建設会社も、かつて何度かこの調査対象に選ばれたことがあります。

それは、ある年の調査でのこと。

例のごとく重苦しい雰囲気の会場を覚悟して、私は、協力会社の社長たちと待ち合わせして調査会場へ。ところが、その年は、その輪の中に、社長の代わりに調査を受けにきていた社長夫人がいたのです。

その社長夫人の香りが**メチャクチャ良いんです!!**

思わず、鼻の穴を全開にして、フガフガしたくなるほど。

殺伐《さつばつ》とした会場の雰囲気を一瞬にして和《やわ》らげ、ストレスから解き放ち、ふんわりとして柔らかく、それでいて高級感漂う石鹸の香り。先ほどまでは、反則攻撃の凶器となることもあるプロレス会場の観覧席にある椅子にしか見えなかったパイプ椅子が、今では、女子高の運動会の椅子取りゲームの椅子に見えます。

その高貴な香りを漂わせる社長夫人のもとには、街灯に集まる蛾のように作業員たちが笑顔で集まります（注：あくまで私のイメージです）。

私はこのとき、良い香りが、こんなにも人々の心を癒し、雰囲気を良くし、幸せな気分にさせてくれるのだと、はじめて知りました。

オーバーに言えば、良い香りは、世界を平和にする魔法と言ってもいいくらい。

この出来事で香りの重要性を知った私は、今では、朝の準備の「シメ」に香水をつけています。良い香りが自分をリフレッシュさせてくれるし、周りにも、悪臭ではなく、幸せを振りまいてくれます。

あなたは、かの社長夫人がその日につけていた香水の銘柄が知りたくなりましたよね。

テレビ番組なら、スポンサーに気を使ったりして、肝心の商品名の部分には、ピー音を入れるかもしれません。

でも、私は、そんな余計なピー音で、あなたを不快にさせたくないので、ちゃんと、社長夫人に、香水の銘柄をお聞きしました（急に電話をかけて聞き出したので、アブナイ人と思われたかもしれませんが……）。

香水の銘柄は、ジェニファー・ロペスの「Glow by JLO（グロウバイジェイロー）」でした。

ジェニファー・ロペスの最初の作品なので、かなり前に発売されたものですが、今でも販売しているおすすめの香水です。

香水は、不快なとき、イライラしていて気持ちを落ち着かせたいとき、忙しいときなどに、気分をリラックスさせてくれます。

速さを競う「ひとりM―1グランプリ」においても、疎《おろそ》かにしてはいけないものなのです。

まとめ

1　ひとりM-1グランプリでスピードアップ

・朝の準備は、キッチンタイマーを使ってゲーム感覚で行う

2　時間はお金で買え！　使う道具で差をつける

・時間を短縮するために良い製品を買う
・製品購入のポイントは、目先の利益よりも、長い目で見たときに得をするか損をするか

3　ひとりM-1グランプリから除外すべきもの

・朝の準備はスピード、スピード、スピード
・ただし、例外もある——歯磨きだけは急がない

CHAPTER
3

通勤中

その他大勢から抜け出すための通勤の技術

1. どんな通勤手段でも、人生を変える時間の使い方を！

さあ、出社準備が終わり、「いってきます」と家を出るあなた。ドラえもんの「どこでもドア」でもない限り、会社に着くまでには一定の時間がかかります。

いや〜、子どもの頃、どんなに「『どこでもドア』があったらな〜」と憧れたことでしょう。「どこでもドア」さえあれば、「タケコプター」は要らないなと、どちらも手に入らないのに真剣に考えたものです。

「どこでもドア」があれば、寒い冬にはハワイに逃避。波の音を聞き、ヤシの実ジュースを飲み海辺で日焼け。逆に暑い夏には南極へ。オーロラを眺め、ペンギンと遊ぶ。「でも、南極は5分も居たら身体が冷えるな。『どこでもドア』から離れたら危険。夏風邪を引いたら長引くから」と、子どもながらにリアリストだった私。

現実味がない話なのに、使用上の注意まで考えていました。

一瞬でどこにでも行けるという魅力を持つ、夢の商品。

しかし、「どこでもドア」が本当に発明されたら、たいへんなことになります。自動車、航空、旅行、運送業界など、さまざまな業界が成り立たなくなる。世界が身近になり過ぎて旅行の醍醐《だいご》味《み》もない。皆が瞬時に快適な気候の国に行き、一極集中どころの話ではなくなる。会社から家まで0分だと、会社以外の人との出会いも付き合いもありません。そもそも、コロナ禍においては、「しばらくは不要不急の使用を控えてください」って、政府が国民に呼びかけることでしょう。

便利すぎる自由が、人を不自由にする。

いきなり「どこでもドア」で脱線してしまいました。

話を、「通勤」に戻します。

東京都内に通うサラリーマンの平均通勤時間は1時間と言われています。往復で2時間。年間270日勤務するとして、540時間。往復時間が1時間増えると、年間で270時間増えます。あなたの通勤時間を当てはめてみて下さい。

往復1時間＝270時間、2時間＝540時間、3時間で810時間。
1日の労働時間が8時間だとすると、往復1時間で約34日分、往復2時間では68日分の労働日数。3時間では、なんと100日を超える労働時間に匹敵する時間を通勤に費やしているのです。

この膨大な時間！

この時間を、有意義に過ごすことで、あなたの人生は劇的に変わります。

さて、「どこでもドア」を持っていないあなたの通勤手段は何ですか？
電車？ 自動車？ 自転車？ 徒歩？
どんな通勤手段であれ、次の2つの種類に分けられます。

それは、**本を読める通勤か？ 読めない通勤か？**

本を読める環境にいるあなたは、迷わず本を読んで下さい！
残念ながら、本を読めない環境にいるあなたは、ブックはブックでも、オーディ

オブックを聴いて下さい！

極端に言えば、このどちらか以外は、時間を無駄にしていると思って下さい。

もちろん、読むのは、仕事に役立つか自分の成長につながる勉強に関するものだけですよ。

●本を読めちゃうラッキーパーソン

本を読める環境にいるあなたは、それだけでラッキーです。

資格試験や語学の勉強をしている方なら、通勤は格好の勉強時間になります。電車ならその空間を自分の書斎に変えることができるのです。

自宅から会社までの停車駅。たとえば山の手線なら、「上野駅」から次の駅まではこの問題を解く。「東京駅」に着くまでにはこの問題、「池袋駅」までには……と、各駅までの到着時間を期限にして勉強をすることも可能です。

語学も一緒です。「品川駅」までにこの単語を覚える。「新宿駅」まではこの3つの単語。「巣鴨駅」までは……というように毎日一定の単語を覚えていくことができます。

「期限を決める」という効率的な学習方法を、電車が各駅に止まることによって、自然に行えるのです。

私は税理士試験の受験時代に、10名ほどの仲間と自習室で毎晩9時30分までは勉強をしていました。

試験の大半は理論の暗記でした。分厚いテキストの丸暗記。

このときの友人のひとりは、自習室での勉強に飽きると、テキストを片手にJRの駅まで行っていました。電車に乗り込み、ひたすらテキストの内容を覚えて帰ってきます。本人は、これを「理論の旅」と言っていました。

電車内という限られたスペースと、次の駅に着くまでという限られた時間。

やれることが1つしかない状況も、期限が決まっていることも、どちらも人を集中させます。

「理論の旅」を実施していたその友人は、難関科目である「法人税」を、見事に1回の試験で合格することができました。

●本を読めないラッキーパーソン

本を読めない環境にいるあなたは、ひと昔前までは本当にたいへんで、アンラッキーでした。

満員電車で手作りの単語帳を片手に持って勉強をする。右手にカバン。左手に単語帳。うまくめくれず2枚めくって次の答えを見てしまう。用紙を詰めこみ過ぎて、シルバーのリングが閉まらない。

単語帳をあきらめて、イヤホンでシャカシャカと音漏れする音楽を聴いて他の乗客に迷惑をかける……。

自動車で通勤する人も、アンラッキーでした。運転しながら単語帳を見ることはできません。ラジオから流れる音楽かニュースを聴くぐらいが関の山でした……。

しかし、満員電車も自動車通勤も、今は、心がけ次第でアンラッキーから脱出できます。

そうです。前述のように、今は、「耳で読む本」と言われているオーディオブックがあるからです。

オーディオブックは、書籍や講演会、セミナーなどを音声化したもので、別名カセットブック、カセット文庫、CDブックなどとも呼ばれています。

今はインターネットで音声ファイルをダウンロードすることもできるので、簡単に入手でき、しかも内容も充実しています。

マニアックすぎる勉強で、対応するオーディオブックがない場合は、ボイスレコーダーを活用して、自分の声で、教材の内容を吹き込んで学習すればいい。

音声を「吹き込むとき」と、「聴くとき」とで、最低2回は学習できるので、さらに効果的です。

通勤時間に、たとえ本を読むことはできなくても、オーディオブックなどを聴くことができる。そんな時代に生まれたことをラッキーに思いましょう。

資格試験や語学の学習をしている方は、迷わずオーディオブックなどの耳で聴く製品で学習して下さい。

本のように、自分のペースで進めることはできませんが、**耳からしか学べないという選択肢の狭さが、あなたの脳を刺激してくれます。**

有効な裏ワザは、**1・2倍速や1・4倍速にして聴くこと！**

スピードを速くすることで、集中力も養えます。

単純に考えても、1・2倍速で60分聴いていれば72分の内容、1・4倍速なら、なんと84分の内容を聴くことができるのです。

他の人が60分の学習をしている間に、自分だけは84分も勉強できるなんて！

聴き取りに自信がない方は、まずは1・2倍速から聴く練習をしてみて下さい。

1・2倍速ならば、慣れれば簡単に聴き取れます。

脳の処理速度が速くなったことを実感できますよ。

電車の中で座れないメリットは、昨日どれだけ寝不足で眠くても、眠ることができないということです。

オーディオブックで、そのメリットを活かしましょう。

本を読むことと同じように、耳から聴いて毎日の通勤時間を勉強にあてる。

その毎日の積み重ねが、あなたの現在と未来に影響を及ぼします。

●身体を鍛えられるラッキーパーソン

通勤手段が自転車だったら、本も読めず、オーディブックも聴けません。

せっかく勉強したいという野望に燃えていても、両耳にイヤホンをして自転車には乗れません。

えっ？「コードレスだから大丈夫だよ」ですって？

いえいえ、ほとんどの都道府県で条例違反になります。違反ではなくても、危険です。片耳だけでも、条例違反になるところがありますし、万一事故にあったらたいへんです。事故を起こしたら、過失割合も大きくなります。自転車も立派な「軽車両」です。注意散漫で大きな事故になる場合もあります。

自分の未来を変えるために行っている勉強が、事故を招き、被害者や加害者になって、未来を台無しにするかもしれません。

自転車に乗るときはマナーを守って安全運転を心がけて下さい。

そんなわけで、本も読めないしオーディオブックも聴けないなら、その他大勢と一緒になってしまうじゃないかと思ったあなた、そんなことはありません。

毎日、定期的に、そして強制的に運動を続けることができるのです。

資格を取る、昇進するといった目標がはっきりしている勉強よりも、運動のほうが、継続するのは難しいと言われています。

なぜなら、運動は、ジムに行くという手間、着替えるという手間。緊急な仕事で残業が続いたときなど、つい休んでしまいがち。今日こそスポーツジムに行こうと準備万端で会社に行っても、飲み会や合コンに誘われたら誘惑に負けてしまう。ジョギングしようと着替えても、急な土砂降りに気持ちが負けてしまう。

仕事や勉強と並んで、健康に留意するのが大切なのは分かっている。もしかしたら、3つの中で健康に過ごすことが1番重要かもしれない。

現に一流の経営者には、健康管理に十分気をつけ、どれだけ忙しくても定期的にジムやプールに通う方が多くいます。

しかし、一般人には、ジムやプールに通うなんて、気力もお金もなかなか続かないものです。

そんな、継続が難しい「運動」。

自転車通勤の方は、それを定期的に続けることができるのです！

本も読めない、オーディオブックも聴けない自転車通勤の人は、毎日、定期的に運動できる。

実は、**1番のラッキーパーソンなのかもしれません。**

2. 勉強はPlan↓Do↓Checkの3段方式で

「資格試験も語学の勉強もしていないから、電車ではマンガを読んで過ごそう！」

いえいえ、いくら読みたいマンガがあっても、ここではガマン。

繰り返します。通勤電車は、「あなたの現在と未来に影響を及ぼすこと」を、毎日やり続ける場所にしてください。

「自分は、別に出世する気も、会社から独立する気もないし、今のままでいいから」という方も、現代では、**「今のままでいい」と考えている人ですら、「今のままでいるため」には勉強しなければなりません。**

AIの進歩など、世界は刻々と進化しています。あなたの先輩も後輩も前進しています。あなたが現状維持なら、相対的に見れば後退しているのです。

あなたの目指すところは、どこですか？

好きな会社に転職する。独立開業する。今の会社でキャリアアップしたい。

好きな会社に転職するためには、希望の会社から引き抜かれるだけの能力を身につけなければなりません。

そのためには、その分野の勉強が必要です。

独立開業するためには、マーケティングや経営や会計についての勉強を山ほどしなければなりません。

「今の会社に残ります」という方も、終身雇用がとっくに崩壊した先行き不安で不透明な現代、生き残るためには専門性を養う勉強をしなければなりません。

言い方を変えれば、スペシャリストにならなければ会社に残るのすら厳しい世の中なのです。

どんな未来を目指すにしても、共通して必要なのは勉強することなのです。

では、どのように勉強するのか？

その勉強方法は、**その他大勢から抜け出すためのPlan→Do→Checkの3段方**

式です。

○Plan（計画）

何についての本を読むのか計画を立てます。営業職でトップセールスマンになりたいなら営業の本。経理のスペシャリストなら会計の本。独立するなら開業の仕組みなどのビジネス書を探します。

○Do（実行）

電車で読むときの注意点。速読で冊数を多く読めばよいのではありません。大切なのは、実践できるところを探しながら読むことです。実践できるところを探すには、ハウツー本がおすすめです。**100冊読むよりも1つの行動。行動してはじめて役に立つのがビジネス書なのです。**

読んでいるビジネス書から行動、実践できる箇所を探しましょう。探し当てたら速読しても構いません。まずは読むというDo。そして、できることを見つけたら、実践でDoしてください。

○Check（評価）

書いてあることをやってみて、役に立たなかったり、行動できる箇所がなかったりするビジネス書なら、見切りをつけて捨ててしまっても構いません。買ったお金より、読んでいる時間のほうが無駄だからです。

通勤時間によっては1章、1節、1コンテンツなど読む量は変わっても、実践できるところを探す目的は一緒です。見つけたら熟読する。頭の中で何度もシミュレーションをする。そして会社に着いたら実際にDoして、役に立つかどうかをCheckします。

これが、勉強したことを身につけるPlan→Do→Checkの流れです。時間があれば、本のなかから、いくつでも、この流れを回して身につけていきましょう。

●たとえば営業職の課長だったら……

せっかくなので、ここで、本を読んで勉強したことを、実践で活かす場合の具体的な例を、実際のビジネス書を例に紹介しましょう。

営業職で、入社10年目に、課長に抜擢されたとします。昇進は嬉しいけれど部下がやる気になってくれない。相談なしで勝手に判断してしまう。ミスの報告も遅い……。今日も部下に、「お前、要するに何が言いたいんだ？ 本当に何が言いたいのか、まったく分からん！」と怖い顔をして怒鳴ってしまった。

ちょっと言い過ぎたかなと反省し、週末に本屋を巡り、求めていた本を発見。『部下のやる気を引き出す 上司のちょっとした言い回し』（吉田幸弘著 ダイヤモンド社）です。

月曜の朝、電車に乗り込み、さっそく本を開きます。

読み進むにつれ、首筋からじっとりと嫌な汗。ビジネス書を読んでこれほどまでに恐怖を感じたことはありませんでした。

「部下の話が要領を得ないとき」という箇所を発見。

俺の部下と一緒だなと鼻で笑い、実践できるところはないかと探しました。

部下が要領を得ないときに、上司が言ってはいけないNGワード。

「要するに、何が言いたいんだ」「何が言いたいのか、まったくわからない」

上司が言ってはいけない悪い例。なんと、先週末に自分が放った言葉はNGワードだった。しかも、2つの悪い事例を組み合わせて罵倒してしまった。

さらに読み進めると、こんな箇所が。

「部下の要領の得ない報告にイライラした経験はありますか？　そんなとき、全否定していませんか？」

（あるある、いつもだよ。週末もしたばかりだ）

「このような全否定は、部下から報連相が上がってこなくなります」

（げっ！　そ、それは困る。俺も中間管理職だし……）

「全否定の言葉を怖い顔つきで言う上司に、部下は近寄りたくありません」

（ああ、自分が部下のときも、そうだったな。怖い上司には近寄らなかった。考えたら、今の自分は威厳《いげん》を保とうとして、毎日、怖い顔をしているな）

「結果、次のような問題が起きてしまうのです」

（えっ！　ど、どんな問題!?）

「部下がひとりで勝手に判断してしまう。ミスがあっても報告せず、大きな問題になってから報告する。否定されるのを恐れて、無難なことしかやらない」

（そんな会社だったら上司も困るだろ。組織として終わっているな。学級崩壊ならぬ会社崩壊だな……あれ!?　これって今まさに俺が直面している問題じゃないか！　部下を教育し直そうと、このビジネス書を買ったけど、原因は自分にあったのか。どうすれば解決するんだ！　教えてくれ、いや教えて下さい！　吉田先生！）

普段は指が乾燥して紙をめくるのがたいへんなのに、変な汗が出ている今は簡単にページをめくることができてしまう。解決策を探すと以下のような答えが。

「**穏やかな口調で次のように話しましょう。『話してくれて、ありがとう。話を整理したいので、もう一度話してもらえるかな』**」

（そうか、全否定されたら、たしかにつらいよな。話を理解するのが目的だし、まずは、お礼を言ってからか）

「威圧感のある上司を恐れ、緊張してしゃべれなくなってしまう。上司の役割は、部下のモチベーションを上げ、適切な行動を取らせ、最大の成果を生み出すことです。そのためには、上司は部下が相談しやすい雰囲気をつくっておくべきです」（そうだよな。上司になって、なめられないように肩に力が入り過ぎていたかもな。部下が相談しやすい雰囲気を作って風通しを良くしよう……）

いかがですか？

ビジネス書で読んだことを活かすとはこんな感じです。

このようにして、今日実践しようと思うことを電車の中で何度も読んで理解を深め、会社に着いたら早速Do（実行）。そして、帰りの電車でCheck（検証）をします。（CheckについてはCHAPTER9「帰宅」でまたお話しします）

3. 通勤時間の「やってはいけない」

LINE、メール、フェイスブック、ツイッターなどのSNS。ネットサーフィンにマンガ、ゲームに睡眠……。その他大勢の人たちは、これらのどれかで通勤時間を過ごしています。


今、電車内で勉強をしているあなた。

そっと顔を上げて前方に座っている7人を見て下さい。

スマホ（以下スマ）をしている人は何人いますか？

睡眠中（以下スイ）の人は何人いますか？

向かって左から、スマ・スマ・スマ・スマ・スマ・スイ・スイ！

ほとんどがスマホを使用。たまに睡眠のハズです。

ちなみに、帰りの電車は、若干、寝ている人が多くなります。

スイ・スイ・スマ・スマ・スマ・スイ・スイ、くらいに変わっているはず。

せっかく座れる環境を手に入れているのに、こんな時間の使い方はもったいない。

仮に、スマホで電子書籍を読んでいたとしても、LINEやメールがきたら気になって開いてしまいます。

「おはよう」というラインの連絡に「おはよう」と返す。
「おつかれ〜」という連絡に「おつかれ〜」と返す。
そんなことをしている間に、すぐに時間は奪われます。

メールが受信されているので開いてみると……。
「実は香川県は私の所有物です。先着5名の方に譲りたいの……」とか
「オオアリクイに主人が締め殺されてから3年が経ち……」とか、
「アルパカとカピバラの区別がつかずに困っている24歳の……」などの迷惑メール
（どれも私のスマホに、実際に送られてきた迷惑メールの出だしです）！
こんなメールを開けるたびに、集中力が途切れてしまいます。
そうならないためには、どうすればよいのか？

人は、ひと手間があると冷静な判断ができます。
これを利用するのです！

たとえば、実印クラスの印鑑は、上下の目印がないものが多い。目印がなければ契約書に判を押そうとするときに、印鑑をひっくり返して表を見て、上下の確認をします。そのひと手間が、本当にこの契約書に判を押してもいいのかと冷静に考える時間になるのです。

勉強に飽きたら、無意識にスマホを取り出してLINEやネットを見てしまうものです。電源が入っていると一連の動作を無意識に行ってしまいます。

ですから、思い切って、電源を切ってしまう!

電源を切っておけば、電源が入る何秒かの間に、本当にLINEやネットを見る必要があるのか冷静な判断ができます。

私は、禁煙もこの方法で成功させました。

20年以上1日1箱以上吸っていたタバコ。止めてから半年くらいは、ワイシャツの胸ポケットから無意識にタバコを取り出そうとしていました。

もし、禁断症状を恐れて、万が一のためにタバコを胸ポケットに入れていたら、どれだけ禁煙しようという強い意志があっても、禁煙には成功しなかったでしょう。

現代人は言わばスマホ中毒。電源が入ったままのスマホがあれば、呼び出し音に反応して、通勤中スマホは見ないと決めていても、つい開いてしまうでしょう。

スマホの電源を切ることに対して、あなたは「緊急な連絡が入ったらどうするんだ！」と反論するかもしれません。

いや、大丈夫。そもそも電車内では電話には出られません。「降ります！　緊急停止ボタンを押して下さい！」と叫ぶほどの連絡もきません。「この電車にお医者さんは乗っていませんか？」と叫ぶシーンにも出くわしません。

電車に乗っている時間は、試験時間だと思って下さい。

試験中に携帯を開く人はいませんよね。開いた時点で一発退場です。試験中は電源を切って挑みます。

座れる環境をプレゼントされたのなら、座れない人の分まで頑張りましょう！
他の人がスマホをいじっているうちに、１００歩抜け出す。そんな心意気で過ごして下さい！立っている人も一緒です。１．２倍速で流れるオーディオブックに全神経を集中して下さい！

会社に貢献したい。
仕事の幅を広げたい。
昇進したい。
転職したい。
独立したい。
その他大勢から抜け出したい。
人生を逆転させたい。

でも、朝早起きして勉強するのもつらい。
会社が終わって自宅に帰ったらビールを飲みたい……。

なかなか勉強時間を確保できない方は、まず、行き帰りの通勤時間で勉強する時間を確保してみませんか。

まとめ

1 どんな通勤手段でも、人生を変える時間の使い方を!

・本を読める環境にいる人は、迷わず本を読む
・読めない環境にいる人は、オーディオブックを聴く
・やれることが1つしかない/期限が決まっている——どちらも人を集中させる
・オーディオブックは1・2倍速や1・4倍速にして聴く
・座れないメリットは、昨日どれだけ寝不足でも眠ることができないこと
・通勤手段が自転車なら、毎日定期的に運動を続けることができる（勉強よりも運動を継続するほうが難しい）

2 勉強は、Plan→Do→Checkの3段方式で

・100冊読むだけよりも1つの行動。行動してはじめて役に立つのがビジネス書
・読んでいるビジネス書から行動、実践できる箇所を探す
・今日実践しようと思うことを電車の中で読んで理解し、会社に着いたら実行し、帰りの電車

で検証する

3　通勤時間の「やってはいけない」

・LINE、メール、フェイスブック、ツイッター、ネットサーフィン、マンガ、ゲームは通勤時間でやってはいけない
・スマホの電源を切っておく
・電源を切っておけば、電源が入る何秒かの間に冷静な判断ができる

CHAPTER
4

始業前

無駄なく雑務を片づける助走タイム

1．始業30分前に出社し、雑務を片づける

始業時間ギリギリに間に合うように家を出ると何かと焦ります。心に余裕を持てません。

電車が発車する直前に乗り込んできたサラリーマン。満員の車内に無理やり入り込んできて、カバンがドアに挟まりました。おかげで、ドアの開け閉めが繰り返されてしまいます。「お荷物をお引き下さい。ドアが閉まりません。お荷物をお引き下さい」のアナウンス。始業ギリギリになんとか間に合う時間の電車に乗っている乗客は、「お前のせいで遅刻するだろう」と、昨日は自分が満員電車に飛び込んだことも忘れて苛立ってしまいます。

そんなこんなで、やっとの思いで会社に到着。

始業時間は8時30分。会社の掛け時計を見上げると31分。でも、自分の腕時計は30分ジャストだったため、「俺は間に合ったのさ」と自分だけが納得する。

気配を消しつつ席に座ると、待っていましたとばかりに上司から仕事の依頼。部下からは連絡事項と質問の山。通勤途中でひらめいたアイディアも、急に思い

出した用件も、声を掛けられて、すっかり忘れてしまう……。

たかが1分、されど1分です!

1分早く着くのと、1分遅刻するのとでは雲泥の差があります。

資格試験を思い浮かべてみて下さい。

もし、ほかの受験生より1分早くに試験を受けることができたなら、どれだけ精神的に優位に立てることか!

試験問題全体を素読みすることもできるし、解く順番を考えることもできる。何より深呼吸をしてから余裕を持って始めることができるでしょう。

逆に、1分でも遅れて試験会場に到着したらどうなるか?

カリカリカリカリとシャープペンシルで問題を解いている受験生たち。その間をちょっと猫背になりながら、試験委員に誘導されて自分の席へ。

精神的な余裕もなく、難しい問題なのか簡単な問題なのかも判断する間もない。

少しでも遅れを取り戻そうと、そそくさと1問目から解いていくしかありません。

深呼吸どころか、走ってきたので呼吸が乱れ、エラ呼吸している魚みたいに口をパクパクさせてパニックになる。

心に余裕を持って挑めるのかどうかは、1分の差でこんなに違うのです。

前のCHAPTERでも少し触れましたが、会社の場合は、遅くても始業30分前には出社して、雑務を片づけ、優先順位の高い仕事をする体制を整えておくのがいいでしょう。それが最低限で、理想はオフィスに一番乗りで着くことです。

ちなみに、私は、朝6時に出社して、この本の原稿を書きました。オフィスには、8時までは誰も来ないし連絡もない。毎朝6時から2時間も原稿を書く時間に充てることができました。

執筆は進むし、せっかく早起きしたのに時間を無駄にしたくない気持ちが働いていましたから、まったく苦にはなりませんでした。

「早起きして勉強すると捗《はかど》る」とよく言われます。

早起きして清々《すがすが》しい気持ちになれる。

電話やLINE、メールなどの連絡がこないから集中できる。人から話しかけられない。始業時間までの締切り効果がある。

早起きには、さまざまなメリットがありますが、**最大のメリットは「せっかく早起きしたのに時間を無駄にしたくない」という気持ちが働くこと**かもしれません。

せっかくオフィスに30分も早く着いたのに、ネットサーフィンしたり、携帯アプリで遊んだりする人はいません。そんなことをして時間を潰すぐらいなら寝ていたほうがマシだったからです。その「せっかくなのだから、時間を有効に使おう」という気持ちが、「優先順位の高い仕事」をしようという気持ちにさせるのです。

●10秒の価値を認識する

突然ですが、ここで「10秒あったら何ができるか？」を考えてみて下さい。

「何をしようか考えているうちに、10秒なんてあっという間に過ぎてしまう」と言われそうですが、サニブラウン選手は10秒あれば100メートル先まで行くことができます。100メートル先……。かなり先ですよね。

10秒は短いようで長い。机上の片づけ、鉛筆を削る、ノートにアイディアを書く――と、いろいろなことが可能です。

たった10秒でも、できることはたくさんある。じゃあ30分あれば、いったいどれだけ多くのことができるでしょうか！

私は、5つの仕事に、さらに執筆が重なると、書く時間を捻出するため、前述のように朝の6時に出社します。普段の日は、始業30分前に出社しています。

私が出社してから始業時間までやっている「モーニングルーティン」を紹介します。

○スケジュール帳で今日の予定の確認

スケジュール帳に、会議、来客、銀行回りなどの会社関係から、セミナー、飲み会などの私用まで、すべての予定を書き込んでいます。この1冊で今日1日のスケジュールをすべて把握することができるのです。

○スマホのメモ機能のチェック

ここには、自宅にいるときにひらめいたアイディアや連絡事項などをメモしています。アイディアはノートに書き写し、セミナーや飲み会の予定は、先のスケジュール帳に書き写します。

○メールの確認

件名が重要そうなメールなら開き、緊急性があればその場で返信します。

○業界紙を見る

この時間は、「読む」のではなく「見る」という感覚です。大見出しを確認する程度。ただし、自社に関係のある内容なら、取締役に回覧し、打ち合わせの議題にすることもあります。

○領収証の取り出し

出社後に使った書籍代や接待などの領収書があれば財布から取り出します。クリアファイルに入れて始業後に担当者に渡します。

通常、これらの雑務にかかる時間は3分～5分程度。

ただし、重要なメール返信や業界紙で緊急な記事があるときは、15分ほどかかるときもあります。

これがもし、始業時間ギリギリに出社していたら、いきなり仕事がスタートしてしまいます。

その日のスケジュール確認もおぼつかないし、雑務が抜けたり、たまったりしてしまう。

とくにスケジュール確認は朝の必須項目です。

自宅に帰ってから、過ぎ去った今日1日の予定表をはじめて見ても意味がありません。

重要なスケジュールが入っているかもしれないのに、確認しなかった手帳を見るのは、どんなホラー映画を見るよりもゾッとします。

2.「やることノート」に、後回し雑務を記入する

雑務は、簡単な作業が多いため、短い時間で次から次へと片づいていきます。これで達成感が得られます。

ただし、雑務の処理には注意が必要です。

私は以前、細かい雑務をすべて朝一番にやっていました。ノートに書き出した雑務が終わるたびに、赤いペンで番号に丸をつけていくのです。丸が増えていく達成感は心地よいもの。その達成感を得るために、ついつい、一気に雑務を終わらせたくなりますが、ここは我慢です！

雑務の時間は、始業時間までとか、15分間だけとか、**「自分ルール」を決めておいて下さい。**

たった3分で終わる雑務も、100項目あれば300分（5時間！）かかります。

「雑務を片付けてから優先順位の高い仕事をやろう」と思っていても、雑務を終わらせるだけでヘトヘト。午後の3時か4時に、やっと優先順位の高い仕事をやろうと思っても、オヤツを食べる時間から始めるのでは、既に集中力が切れています。朝からたくさん仕事をした気になっていても、優先順位の高い仕事は明日へと先送り。これでは、忙しいのに成果が出ません。

とは言え、朝、片づけ切れなかった雑務を頭の片隅で覚えておきつつ、**優先順位の高い仕事をしようとしても、気になって集中できないでしょう。**

では、どうするか？

残った雑務は、いったんノートに書いてから後回しにするのです。

ノートに書いておけば、忘れても大丈夫。頭の中はクリアになり、目の前の仕事に集中できます。優先順位の高い仕事を終えて、時間のあるときに緊急性の高い雑務から順にやっていけばいいのです。

雑務は「やることノート」に書く

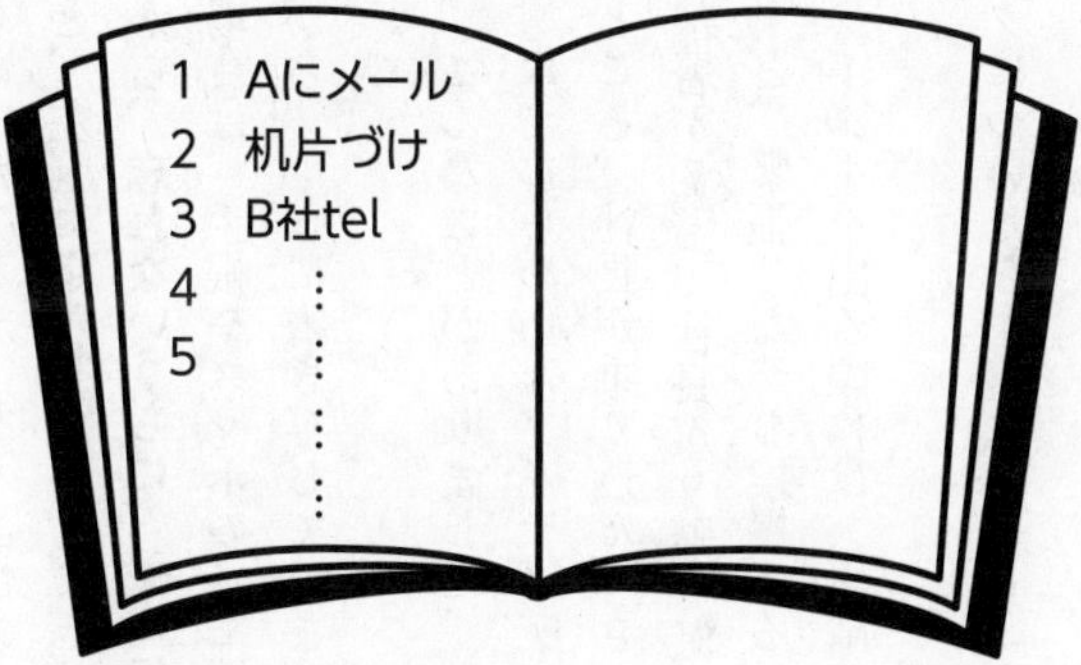

この「やること」を書いていくノートのことを、そのままでひねりがありませんが、「やることノート」と呼んでいます。

●記憶に頼らず記録する

通勤途中でひらめいたアイディアを、出社したときには、忘れていたりすることはありませんか？「すごく良いと思ったアイディアなのに思い出せない。自分は記憶力が悪いのかな」と不安になりますが、ちゃんとした理由があるのです。

アイディアは右脳でひらめきます。

そのひらめいたアイディアを記憶するのは、左脳なのです。ひらめいたまま放置していると、左脳に定着しないまま忘れてしまいます。

ですから、**忘れないうちに、手帳に記録することが重要なのです。**

私の場合は、手帳やスマホのメモ機能に記録をしておき、前述のように、会社に着いてからノートに書き写しています。

以前、こんなことがありました。

通勤電車でひらめいたアイディアをメモしないまま会社に着き、エレベーターに乗ったところ、社長が乗り込んできたのです。

私の部署が7階で社長が9階。滅多に会うことがありません。「おはようございます!」と、緊張しながら挨拶する私。

エレベーターを出る頃には、素晴らしいアイディアはどこかへ消え去っていました。

デスクについたらすぐにメモしようと思ったのが間違いのもとでした……。

教訓、**記憶に頼らず記録する！**

そして、もう1つ注意。

記録するときは、時間の許す限り、できるだけ詳細に内容を書くこと。

書いているときの自分と、書いた内容を読んでいるときの自分は違うのです。

あとから自分のメモを見て、「この数字は何？　この単語は何を意味しているのか？」と迷うことになります。手書きの汚い字だと、まるで読めないことも……。

私は、スマホのカレンダー機能を使ってスケジュール管理をしているのですが、6月23日12時30分の欄に、謎の言葉、「ひなた」と記入がしてあったことがあります。

ひなた？　ひなたって何？

女性の名前？　誰？

12時30分だということは、ランチの約束？　ぜんぜん約束した記憶がない。いや、絶対に約束をしていない！

この子は誰だろう？　何歳？　何が目的で私に近づく？　ワナか？　私を追い落

とすために誰かが仕掛けたハニートラップか？　と途方に暮れていました。

まだ日もあるし、後から考えようと、組んだ手を首に回して椅子にもたれ掛かった瞬間、思い出しました。

「ひなた……。あ〜、ひなた歯科だ〜」

会社の椅子にもたれ掛かった感じと、歯医者で治療を受けるときのリクライニングする椅子の感じが似ていて、そこから、思い出すことができたのです。

謎が解けて嬉しい反面、微妙な疲労感と、なぜかガッカリ感が残りました。

メモを残すとき、運転中の信号待ちや、打ち合わせ中など、書く時間が限られていて、キーワードしか書けないときがあります。その場合は、なるべく早く具体的に書くようにして下さい。くだんのメモなら、「ひなた歯科」と書かれていれば、悩まずに済んだはず。

メモは、具体的に書いておくのが、あとから困らない秘訣です。

3. 未来計画ノートがあなたの未来を作る

朝の始業前に「その日にやるべきこと」を書き出すことの大切さの話が出たついでに、ここで「紙に書き出すこと」が持つパワーについて触れておきます。

「未来計画ノート」に未来の自分について書き（描き）、眺めていると、とんでもないことになります。

私は、拙著『30代で人生を逆転させる1日30分勉強法』（ＣＣＣメディアハウス）でも、「目標は絶対お願いだから紙に書いて下さい」とお伝えしています。

名著『思考は現実化する』（きこ書房）の著者であり、成功者の研究に一生を捧げたナポレオン・ヒル。

そのナポレオン・ヒルが、成功者５００人にインタビューして判明した、彼らが共通して行っている成功哲学。それが**「目標は紙に書くこと」**なのです。

私は、28歳から目標を書きはじめました。そんなに仰々《ぎょうぎょう》しいものではありません。夢や希望や願望を交えた計画ノートです。**思いついた夢や希望の目標を次々と、細かく具体的に期限を設定して書きました。**

最終的な目標は、税理士試験に合格して独立するという計画です。しかし、基礎知識がないので、いきなり試験を受けても受かる力はありません。そこで、建設業経理事務士2級は29歳の3月。1級は30歳の3月。税理士試験の簿記論と財務諸表論は31歳の8月までに習得すると書きました。ついでに、33歳まではワードの達人。34歳まではエクセルの達人になることも記入。独立したら顧問に両親。法人税担当には銀行で活躍している山崎、営業は民間企業で営業をしている長谷川をヘッドハンティング……など、合格後の会社形態まで計画してノートに書いていたのです。

記入後、何年かはノートを見直して追加修正していましたが、いつしかナポレオン・ヒルのこともノートの存在も忘れて、確認も記入もしなくなりました。

それから10年ほどたち、ある日、デスクの3番目の引き出しの奥に入っていたノートを発見し、中身を見て驚きました。

書かれていた主要な目標は、すべて現実になっていたのです！

日商簿記、建設業経理事務士、宅地建物取引士、税理士などの資格取得。３階建ての家、外車の購入。独立開業、簿記講師、セミナー講師、そして出版……。

あの当時に、「セミナー講師になりたい」、ましてや、「出版したい」とまで思っていたとは、自分自身でも忘れていました。

それなのに、まさか、全部、現実になろうとは！

これがナポレオン・ヒルのいう「潜在意識の力」なのかと改めて驚きました。

●成功者たちは書きまくる

30代後半になって、改めてナポレオン・ヒルの著書を読み直し、目標を紙に書くことの重要性を再認識しました。さらに、多くのビジネス書を読むにつれ、たくさんの成功者が目標を紙に書き、思考を現実化させていることも知りました。

いくつか例を紹介しましょう。

プロ野球の世界で、ピッチャーとバッターの二刀流での成功を目指す大谷《おおたに》翔平《しょうへい》さん。彼は高校1年生のときに、自分がプロ野球選手になるために必要な行動、要素をあげて、「目標達成シート」を作成しています。

シートの中心には、「ドラ1　8球団」の文字。つまり、「ドラフト会議で8球団から1位指名を受ける」という目標を立てたのです。

まだ甲子園にも出ていない高校1年生が掲げる目標としては、大きすぎる気もします。しかし、その周りに書かれた、そのために必要なことを見ると、「スピード160キロ」とか「フォーク完成」とか、まあ、たしかにこれができれば、「ドラ1　8球団も夢じゃないな」と思わせてくれます。

ちなみに、実際のドラフト会議では、彼はドラフト会議の前に、堂々とメジャーリーグへ行くと宣言。「日本の球団から指名されても入団はしない」と明言していました。

つまり、目標を紙に書いて、それを目指して条件をクリアするうちに、現実のほうが書いていた目標を越えてしまったのですね。

実際には、大谷の宣言を無視して単独指名した日本ハムファイターズの栗山監督に口説き落とされて、日ハムへの入団を決めていますが、紙に書くことのパワーを教えてくれる話です。

世界で1億部以上売れたという『こころのチキンスープ』シリーズの著者で、講演家としても有名なマーク・ビクター・ハンセンは、常に目標を書いたカードを持ち歩き、心からそれを信じる。また、鏡の横に目標を書いた紙を貼り、毎日チェックしているそうです。

司法試験業界のカリスマ講師である伊藤塾の伊藤真《いとうまこと》先生。授業では、生徒が授業開始の日に「合格体験記」を書きます。まだ受験をしていないのに、まるで合格したかのような気持ちで書かせる。より具体的に書くことによって合格していると いう気持ちが強くなり、多少のスランプや挫折も想定の範囲内と考えるようになれる。おかげで、生徒は無事にスランプを乗り越え、継続して勉強し受験の日を迎えられるのだとか。伊藤塾が多くの合格者を輩出している理由の1つです。

その他、『非常識な成功法則』（フォレスト出版）の著者で経営コンサルタントの神田昌典《かんだまさのり》先生。速読法フォトリーディングの公認インストラクターの山口佐貴子《やまぐちさきこ》先生。宝地図の望月俊孝《もちづきとしたか》先生。サッカーの中村俊輔《なかむらしゅんすけ》選手、ゴルフの石川遼《いしかわりょう》選手、テニスの錦織圭選手。東大家庭教師の吉永賢一《よしながけんいち》先生……。

夢を紙に書いている成功者は、数え上げたらキリがありません。

●紙に書く力は、証明されている

しかし、あなたはこう言うかもしれません。

「たまたま、紙に書いて成功した人が、何人かいただけじゃない」

その気持ちは分かります。

「中学時代のワル体験のおかげで実業家になれた」と豪語する人がいるからといって、ワルだった人がみんな実業家になれるわけではありません。トイレ掃除は素晴らしいことですが、それだけで成功者になれるなら、清掃のおばちゃんは皆さん成功者になっているはずです。

でも、紙の書く効果は、オカルトではなく、心理学的にも証明されているんです。

アメリカの社会学者マートンは、この現象を「予言の自己成就」と名付けました。

ここでいう「予言」とは、平たく言えば「思い込み」という意味です。

マートン曰く。

「紙に書き出した願望は、意識、無意識関係なく実現すると思い込んでしまう。そうしたら最後、思い描いたとおりになるように行動してしまう」

野球界のレジェンド、イチロー、サッカーの本田圭佑《ほんだけいすけ》選手、ゴルフの石川遼選手なども、子どもの頃の卒業文集に具体的に将来の活躍を書き、思い描いたことによって、それが思い込みになり、現実になったのかもしれません。

思い描いたことを紙に落とし込むことで、思い描いた人間になる！

まさにナポレオン・ヒルと同じ考えです。

そして、もう1つ。紙に書くことのメリットを私なりに考えました。

目標を頭で描いているだけでは、まだ妄想の段階。紙に書いてはじめて具体的なイメージが湧き、客観視ができます。これって大きなメリットだと思いませんか？

紙に書くことは、ほんの小さなアウトプットですが、行動の第1歩には違いありません。

行動は実現の扉を開き、目標を叶えるために必要なモノを準備します。

たとえば、「縁あって経理部に配属されたのだから経理のプロになろう。最終的には税理士の資格を取って開業しよう」と思い、「税理士になる」と紙に書いたとします。紙に書いたら税理士について、いろいろと考えます。

「今の社長やほかの会社の経営者とも対等に話せ、しかもアドバイスもできる。自分が税理士として、さまざまな会社に影響を及ぼす人物になれたら、経理部に配属された意味も生まれる。そのためには、まず簿記の基礎である日商簿記3級の資格を取ろう。独学だと理解が深まらないから専門学校に通おう。講義日程は毎週日曜日か。来年の2月の試験に間に合うな。その後、6月に2級を受けて、9月から税理士科目を受講しよう……」

このように、アウトプットの第1歩、目標を紙に書いたら、その目標をどうしたら達成できるかを考え、具体的な行動に移していくようになるのです。

あなたも目標を紙に書くことで、行動の第1歩にして下さい。

●適当！ 思いつくまま書きまくる

目標を紙に書いたらどうするか？

私は、**毎朝そのノートを眺めています**。28歳で書きはじめた主要な夢の8割が現実になったことに味をしめ、2年前から未来計画ノートを再開しました。

思いつくままに夢や計画を書き続けていて、現在その夢は、32項目。

思い描く近未来は、たとえば……。

○勉強法の本が令和3年8月には10刷になりつつある
○AI関連の本を令和3年9月までに執筆し、店頭に平積みされている
○勉強法の動画配信のソフトを令和3年9月までに作成しつつある

○セミナー会社に登録。商工会議所で令和3年12月までに年間20本登壇している
○仕事術の本、増刷決定！！ 令和3年12月まで……

仕事用からプライベートまで、夢を書き綴《つづ》っていますが、32項目のうち8項目が、2月の段階で、すでに実現しています（本書の出版も、最初はノートに書き出された目標の1つでした）。

ノートに載せてある夢や計画は、言わば完成形です。実現する日付まで書いています。

しかし、夢を書くときのポイントは、**実は適当に書くことです**。**思いつくまま**、なりたい、やりたい、手に入れたい、実行したい、何でもいいから思い浮かんだものを**まず書く**のです。書きまくるのです。

ありえない、公序良俗に反する、こんなことは無理だ、誰かに見られたら恥ずかしい、叶うわけがないというメンタルブロックを設けてはいけません。

かつて日本テレビ系で放送されていた人気ドラマ、『家政婦のミタ』（主演：松嶋《まつしま》

菜々子《ななこ》）に、こんなセリフがありました。

「奇跡とは、普通に考えれば絶対起きない出来事が、そうなって欲しいと願う人間の強い意志で起きる出来事です。奇跡は起こるから奇跡と言います。自分には無理だとあきらめている人には、絶対に起きません」

そうですよね。考えたら「奇跡が起きた」「あれはまさしく奇跡でした」「神様が起こしてくれた奇跡なんです」といったフレーズをよく聞きますが、共通しているのは、「その奇跡が現実に起こった」ということです。奇跡は起こるから奇跡なのです。あっ！　ミタさんと同じことを言ってしまいました。

世界一周、そんなの無理!!　宇宙旅行、もっと無理！！　**あなたのことを一番知っているあなたが、そんなことを言ったら何も現実になりません。**

私の友人は宇宙の神秘が大好きで、「月に行きたい」「月に行ける」とずっと言い続け、ノートに書いていていました。友人はその後……宇宙とまでは行かないけれど、無重力体験旅行を50万円で体験し、ユーチューブで動画を配信していました。

これでいいんです。

夢や計画を書き終えてから、何回も見ている間に、期限を考え、より具体的に書き加えていけばいい。

何度も言いますが、最初は適当なひらめきです。

それに、現代はまさに日進月歩。彼が実際に月に行けるのも、近い未来かもしれません。

なお、夢を書くとき、修正するときは、面倒でなければ「現在進行形」にして書いて下さい。

「勉強法の本が令和3年8月には10刷になりつつある」

「勉強法の動画配信のソフトを令和3年9月までに作成しつつある」

というように現在進行形にすると、ウソを書いているわけではないし、夢が現実になる途中だと脳が錯覚もしてくれるからです。

「『紙に書き出すこと』が持つパワーについて触れておきます」と言って話しはじめたのに、つい力説してしまいました。

あなたも、どんどん夢を書き出して、実現していきましょう。

もし叶わなかったとしても罰金を取られることも非難されることもないのですから。

まとめ

1 始業30分前に出社し、雑務を片づける

・メリットは——電話やメール、話しかけられることなどがないので集中できる／始業時間までの締切り効果がある／「せっかく早起きしたのに時間を無駄にしたくない」という気持ちが働く
・出社してまず始めるのは、スケジュール帳のチェック
・メールの確認（件名が重要そうなら開き、緊急性があればその場で返信）
・業界紙を見る（大見出しを確認する程度、自社に関係のある内容なら読む）
・領収証の取り出し（クリアファイルに入れ、始業後に担当者に渡し精算）

2 「やることノート」に後回し雑務を記入する

・雑務の時間は始業前までとか15分間といった「自分ルール」を決めておく
・3分の雑務も100項目あれば、300分（5時間）かかる
・雑務はいったんノートに書いて後回しにする
・アイディアは忘れないうちに手帳に記録しておく

3 未来計画ノートがあなたの未来を作る

・成功者はみんな具体的な目標を紙に書いていた
・夢や希望は思いついたものを次々と書く
・目標や計画は細かく具体的に期限を設定して書く
・紙に書くことは行動、夢実現の第1歩

CHAPTER
5

始業

仕事は「完全見える化」でストレスフリーに

1. 仕事は3か所にまとめる

ノート術ブームの火付け役、元祖と言えば、10年以上前に出版された『情報は1冊のノートにまとめなさい』（奥野宣之《おくののぶゆき》著　ナナ・コーポレート・コミュニケーション）だと思います。

累計50万部を超える大ヒット。そのポイントは「情報を1か所にまとめることによる安心感」にありました。私もこの本を実践し、情報を日付順（時間順）に並べたり、仕事とプライベートの予定を分けずに1冊のノートに書き込んだりと、おおいに参考にさせていただきました。

今でも実践しているノウハウは多いのですが、この本の唯一の欠点は、本のタイトルとは違い、情報がノート1冊にまとめられないことです。

ノートに記した情報の索引としてパソコンに入力する作業があります。この本を読んだ当時、私にはノートパソコンもスマホもなく、会社のデスクトップパソコンも使用時以外は電源を切っていたため、検索するのが非常に手間でした。

以上は本の情報ですが、仕事も1か所にまとめておくことが理想です。

1か所にまとめられた仕事が「やらなければならないすべての仕事」と分かっていたら、安心感と、気持ちに余裕が生まれます。

真っ暗なトンネル。かなり歩いた。先が見えない。もう無理だ。もう1歩も動けない。出口を見つけることを諦めて、寒さと飢えで倒れ込んでしまった。実は、見えないだけで、5メートル先に出口があったのに。

同じようにトンネルを歩いてきて、疲れ切った状況であっても、前方に出口の光が見えていたら、たとえ、それが100メートル先であっても先に進むことができます。先ほどより出口はかなり遠いけど、出口が分かっていれば、這ってでも転がってでも前に進むことができるのです。

「書類箱に入っているすべての書類を終わらせれば、すべての仕事が終わる」という安心感――。

これは何よりも大きい。

でも。

本当はこれ、1か所ではなく、**「3か所にまとめなさい」が正解**なのです！

当初は私も、500冊以上の仕事術、整理術の本を読み、20年以上の実務経験から、1か所にまとめるという理想を追求してきました。しかし、試行錯誤した結果、無理だと気づいたのです。

正確にいうと、1か所にまとめることは作業効率的に無駄なのです。

無理やり1か所にまとめるよりも、3か所で管理したほうが効率的です。

その3か所とは、ノート、書類箱、そして日常業務（ルーチンワーク）を書いた用紙のコピーです。

●1か所にまとめようと試行錯誤

それでも1か所が良いと思う方のために、なぜ3か所が良いのかを検証してみましょう。

たとえば、**書類箱1か所に仕事をまとめようとした場合**。

過去10年分の予算を午後から調べようと計画を立てました。朝の準備段階で、すべての仕事を書類箱に入れようと10年分の書類を持ってきたけど入りません。しかも、午前中にやる仕事の邪魔になります。

全従業員の経歴書をまとめる仕事。従業員300人分のファイル300冊を書類箱に積み上げると……上司から、「どうした、お前スカイツリーに連れて行って欲しいのか」と嫌味を言われます。

つまり、その仕事を始めるまでは資料を集めておけないし、整理箱には入りきらないという物理的な問題が発生するのです。

さらにもう1つ。共有して使っている書類の取り扱いという問題。

朝一番に、今日やる仕事の関連書類をすべて自分の書類箱に入れたとします。すると、ほかの従業員がそれらの書類を使おうとしたときに、「あれ？　報告書はどこにいった？」と探すことになります。

ほかにも、「住所録なのに住所不定で行方不明だ？」「許可の書類が無許可でどこかに行っている？」なんてことにも。

これら、共有書類が、すべて自分の書類箱に入っていたら、「おまえのデスクは、書庫か！」と言われてしまいます。

使う資料や書類を、一気に手元に置いておきたい気持ちはわかります。業務によっては本当にそうしたいところ。でも、それらの資料や書類が共有の場合は、そうもいきませんよね。

書類箱に入りきらない資料や共有書類は、**やることノートに書いて対処しましょう。**

先ほどの例だと、「報告書の作成」「住所録の修正」「許可更新の目次作り」など。それらをノートにいったん記入しておき、仕事をはじめるときに使う分だけを保管している場所から持ってくるのです。

私は、それでも何とか書類箱1か所に仕事をすべてまとめられないかと考えた時期がありました。

思いついた方法は、**仕事内容ごとにA4の用紙1枚ずつに書き、用紙を透明なク**

リアファイルに入れて書類箱に重ねていくというもの。1つの仕事が1枚の紙に書かれているので、積み上がることもなく書類箱もスッキリします。

たとえば、「住所録の修正」や「許可更新の目次作り」と、それぞれA4の用紙に大きく書き、クリアファイルに入れて書類箱へ積み上げるのです。部下に頼もうとした仕事や上司への連絡も、それぞれA4の用紙に書いてクリアファイルに入れて書類箱へ。考えついたときには良い方法だと思い、実践してみました。

しかし、結局は1か月もしないで挫折。なぜなら、**手間だから!**

仕事を思い出すたびに、A4の用紙をコピー機の横から持ってきて、クリアファイルをキャビネットから持ってくるのは面倒なのです。

よし、それならと、コピー用紙とクリアファイルのどちらも机の引き出しに数枚ずつ入れておけば、何とか最小限の手間で済むと思いました。

しかし、やってみてわかった最大の欠点は、部下に指示することや上司に伝えることまで書類箱に入れてしまうと、いざその書類を取り出そうと思ったときに、奥底深くにあると取り出すのがたいへんなことでした。何より、上司・同僚への連絡事項や部下への指示が、何枚(何件)入っているのか把握できず、最大の目的である「仕事の見える化」にならないのです。

書類が重なり合っている書類箱は、仕事が終わるにしたがって減っていく達成感がありますが、どの仕事がどこに入っているかが分からない。

これはやはり大きな欠点でした。

指示や連絡事項は、ひと目で見渡せるノートのほうが優れています。

とは言え、仕事はやはり、適材適所。

ノートと書類箱、日常業務を書いた用紙のコピーという3点の良いところを併用することによって仕事を効率化し「見える化」することができるのです。
2. ノート・書類箱・ルーチンワークのビッグスリー
前述のように、毎日の仕事を書き込むためには、「やることノート」が必要です。

ここで、この「やることノート」についてお話しします。

まず、ノートは、どんなノートでも構いません。

私が15年間にわたって愛用しているのは、コクヨのCampusノートB。何でもいいと言っておきながら商品名まで書きましたが、ある程度の行数があれば、ほかのノートでも構いません。

色とデザインも、何でもオーケー。自分の好みの色だと気分が高まります。文房具屋に行って選んでみて下さい。

私の「やることノート」は、片面35行なので見開きで70行。**見開き使って書くので、1日に行うべき仕事を最大70項目まで書くことができます。**

「1日の仕事が70項目もあるのか?」と思われるかもしれません。

「やることノート」に書き込んでいるのは、仕事だけではありません。

部下への指示、同僚や上司に伝えなければならないこと、突発的な用事など、自分の実務のほかに、実家の母にメール返信する予定まで、「やること」をすべて書き込みます。加えて、仕事中に浮かんだアイディアも次々と書き込んでいきますすから、70項目くらいはすぐに埋まります。

さらに、**1つの仕事が15分かかるなら、5分で割って3行に分けて書き込みます。**

「1行5分以下ルール」と名づけています。

仮に、伝票整理が15分かかるなら。

1行目には1．伝票整理（1）

2行目には2．　〃　（2）

3行目には3．　〃　（3）

というように3行に分けて記入します。

最初から15分かかると分かっていれば、3行に分けて書けばいいし、結果として15分かかったなら、後から3行に分けて書けばいいのです。

仕事が終わったら、番号に赤のボールペンで丸をつけていきます。

なぜ、「1行5分以下ルール」なのかというと、15分も仕事をして、やっと1つの丸を付けられるよりも、15分で3つの番号に丸をつけるほうが、**気持ちが良いか**

「やることノート」は「1行5分以下ルール」で

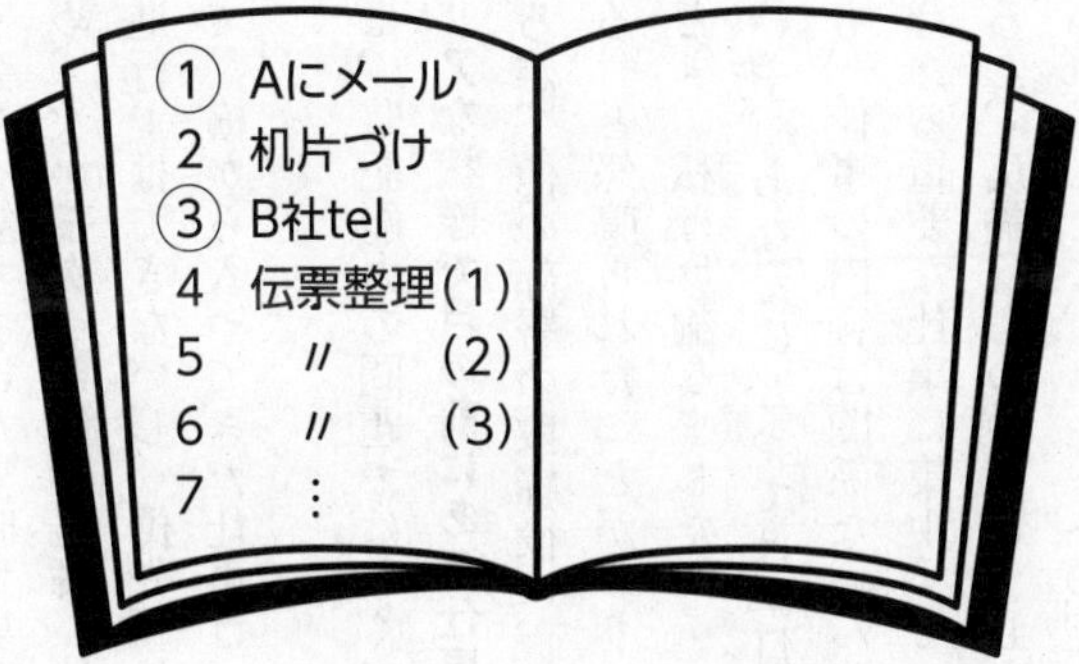

ら。

もう1つの理由は、仕事の細分化です。

たとえば、60分もかかる仕事を始めるのは、なかなか気が乗らないんです。そんなときでも、たった5分やるだけで丸が付くなら、5分ぐらいやってみようという勢いがつくのです。

以前に勤めていた会社でも、思いついたことはノートに書き、指示されたことも書き加えていきました。「1灯油を買う」「2請求書チェック」「3事務用品屋スグクルに電話」「4水道代払い込み」などなど……。

新しく会社を立ち上げた当時で事務はひとり。経理や資金繰りに雑用まで行っていたため、次から次へと仕事が舞い込んできます。

同時進行ではできないし、優先順位の高い仕事に集中もしたい。

そこで、横から入ってきた仕事は、どんな些細なことでもノートに書いていきました。

それは、暗記能力の問題ではなく、**頭の中にある気になることはすべて吐き出し、頭がクリアな状態で目の前にある仕事に集中したかったからです。**

ところが、他の部署の取締役に、「そんなくだらないことをイチイチ書かないで暗記しろ」と怒鳴られたことがありました。

そのとき、私は反論しました。

「いやいや、あなたにとっては『灯油を買う』というのはくだらない仕事でしょう。でも、仕事の内容は関係ないんですよ、私は、頭の片隅に灯油を置いておきながら、今ある重要な仕事に集中することはできないんですよ！」

もちろん、反論は心の中だけでしたが……。

怒鳴られたことで、ノートへの記入がやりにくくなってしまいました。

書き出せないことが仕事の効率を下げ、ストレスにもなり、結局、その会社を辞める大きな要因になったのです。

営業部は契約が取れたとき、工事部は建物が完成したときに達成感が得られます。

しかし、事務部は日々の仕事に連続性があり、仕事で「達成した」と感じられる機会はなかなかありません。

私にとって、書類箱の書類がすべて片づき、ノートに書いた70項目がすべて終わることは、ものすごい達成感でした。

なにしろ、書類箱が一瞬ゼロになっても、すぐに新たな書類が入ってくるので、そんなことは1年に1度あるかないか。それでも、とても大きな喜びを感じることができました。

そして、日々においては、**「やることノート」に書いたタスクが終わるたびに、番号を赤で丸く囲む。それが、ささやかな達成感が得られる瞬間だった**のです。

●「仕事の管理は付箋よりもノートで！」の理由

私は月1、2回のペースで仕事術のセミナーを行っています。

そこで受講者から、「やることをノートではなく付箋に書いて、目につくところに貼ってもいいですか？」と質問を受けることがあります。

実際に付箋を使っている方も多いようですが、やることを付箋に書いて貼るのは、あまりお勧めしません。

デスクトップパソコンのモニター画面の両脇に、黄色い付箋で仕事内容を貼りだしている人を見かけます。

たしかに目につきます。

でも、目につきすぎるのです。

これでは、毎回見ているつもりでも、脳が慣れ、いずれポスターや標語のようになり、何も感じなくなります。

最終的には、脳にとっては、景色の一部というか、オブジェのように扱われ、月日が経つと半分剝《は》がれかけのドライフラワーのようになる。最後は気づかないうちに、ひっそりと剝がれ落ち床に落下。複雑に絡み合ったパソコンのコードの上で年末の大掃除まで発見されずにいる……という状態に陥るのです。

実際、重要な「やること」を書いた付箋紙が、いつの間にか落ちていたらと思うと、ゾッとしませんか？

ノートに書けば、そんなことも防げます。

たとえば、「建設業の許可更新」という、会社にとって超重要な仕事を先送りしていたとします。

締め切りは10日後だからまだ間に合う。でも、もう4日前から貼りだしているのにやっていない。付箋で管理していると、「10日もあるから大丈夫。いつかやろう」と思う程度です。

しかし、毎朝、「やることノート」で管理している場合は違います。

今日できなかった仕事は、番号に青のボールペンで丸をつけて翌日回し。やり終えられなかったという**屈辱の青丸**で管理するのです。

そして翌日のノートに「建設業の許可更新」と、昨日とまったく同じように書かなければならないルールにする。

こうすることで、その仕事に着手するまで、くる日もくる日も、毎朝のように、「建設業の許可更新」、「建設業の許可更新」と写経のように書き写さなければならなくなります。

面倒なのと、罪悪感が芽生え、「今日こそやるぞ」という気持ちになること請け合いです。

私は、この仕事術を**「写経仕事術」**と呼んでいます。

もう1つ、ノートではなく、付箋で仕事を管理するのをお勧めしない理由。

付箋だと、書いた仕事が終わったらゴミ箱に捨ててしまいますよね。

たしかに、終わった仕事が書かれた付箋を剥がして捨てるときは、気分が良くて達成欲が満たされます。

しかしこれでは、昨年の今ごろは何をやっていたのか振り返りたいと思ったとき、付箋はすでに燃えるゴミか再生紙に変わってしまっています。

いっぽう、ノートで仕事を管理して保管しておけば、それが履歴として残ります。昨年の同じ時期は何を行っていたか、年末年始は何をするかなど一目瞭然です。

「やることノート」は、行事カレンダーがわりにもなるのです。

●書類箱に積み上げて書類を「見える化」する

やることノートには「今日の仕事内容」「部下に指示する仕事」「昨日の夜や朝起きてひらめいた企画やアイディア」「雑用」などをどんどん書き込んでいきますが、書類箱に入っている書類の内容は基本的には書き込みません。

「税務署からのお知らせ」

「金融会社からの300万円を限度とする高金利貸付の広告」

「信用できないところからきた信用調査のアンケート」

「かなり修正しているのが分かる顔写真付きのキャバクラのパンフレット」

「忍者募集というチラシ」

など、届いた書類をなんでもかんでもノートに書き写すのはたいへん手間です。

書類箱に入っている書類の内容をすべてノートに書き写せば仕事を1か所にまとめる目的を果たせますが、次から次へと回ってくる書類を書きとめること自体が時間の無駄になってしまいます。

書類は、書類箱に積み上げることで「見える化」を行います。

ただし、書類箱に入っていても、ノートに書かなければならない書類がありま
す。

それは、人に渡す書類！

書類箱には無造作に書類が積み上げられています。部下に渡す書類が何枚目にあり、また何件入っているかも分かりません。底に埋まっている書類を渡し忘れてしまうこともあります。上司が外出先から戻ってきたら渡そうと思っていた書類も同様です。

これらの書類は、渡し漏れしないように、メモ代わりとしてノートに記入をしておきましょう。

また、**書類箱に入っている優先順位の高い仕事はノートにも書く。**「今日どうしてもやる」という印象を自分に与えるのです。終わらなければ、終わるまで毎日ノートに書く「写経仕事術」のオマケ付きです。

ついでに、もう1つ。

書類箱以前の問題ですが、あなたの机の上が、モノで埋もれていないかをまず確認して下さい。

書類箱や引き出しの中をいくら探しても見つからなかった書類が、実は、デスクの上に埋もれていた……、なんてシャレになりません。

まず、ゴミを片づけましょう。

飲み終わったコーヒー缶や、メガネをふいたティッシュ、オヤツに食べた「柿の種」のミニサイズの袋、カップラーメンの「かやく袋」の切れはし、消しゴムの消しかす……これらのゴミはすべて捨てて下さい。

シャープペンシルや四色ボールペン、ホチキス、電卓などの文房具は机の中にしまって下さい。

それでもまだ机の上に残っているモノ。電話番号を書いたメモ用紙、途中まで書

書類箱は蓋も使えるものを選ぶ

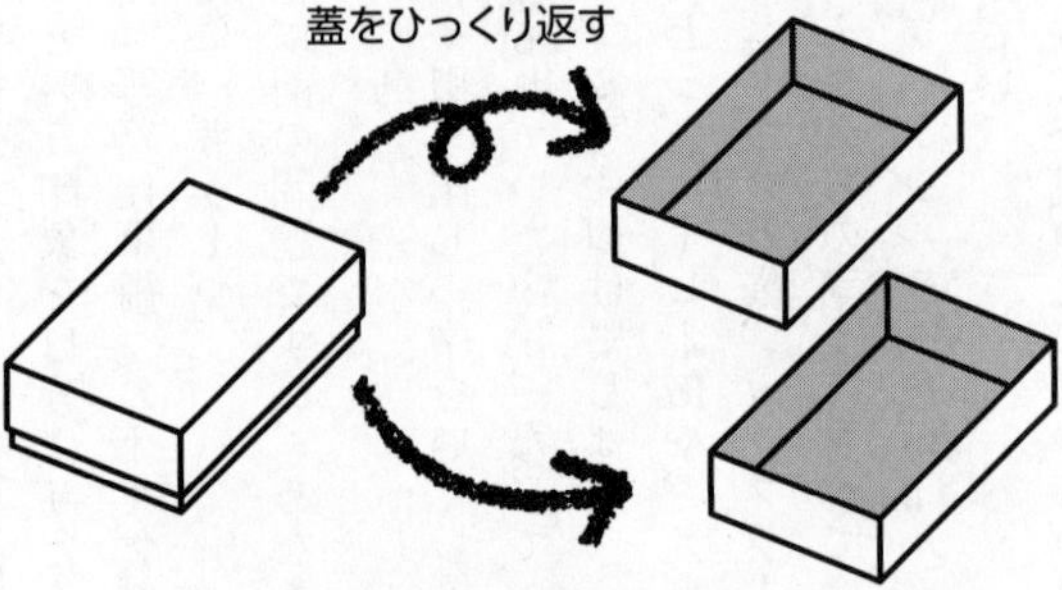

1つは今日処理する書類、
もう1つは明日以降に処理する書類を入れる箱にする

いた書類、判子を押すだけの稟議書類など。**すべて1つずつクリアファイルに入れ、書類箱の中へいったん積み上げます。**

机を綺麗にして働く態勢をとるのはもちろん、「仕事の見える化」が目的です。

基本、行わなければならない仕事は、すべてノートか書類箱になければならないのです。ほかの場所にあっては「見える化」になりません。

机の上のモノ以外でも、引き出しの中に入っているひらめいたアイディアを書いた手帳の切れ端、名刺入れに入りっぱなしの取引先の名刺、財布の中に入っている飲み屋の領収書も、すべて書類箱に入れるのです。

そうそう、透明なデスクマットに挟んである飛び込み営業からもらった名刺もクリアファイルに入れ、いったん書類箱に積み上げて下さい。

ゴミ以外のすべての書類を書類箱に集めたら、**書類箱をひっくり返す**。ひっくり返せばあとは、一番下にあった書類から黙々と内容を確認していけばいい。

私はA4の用紙が入る書類箱を使っています。蓋《ふた》をひっくり返せば、箱と同じように書類を入れることができるので、書類を2つに分けることができます。

1つの箱には今日処理する書類を、もう1つの箱には明日以降に処理する書類を入れていきます。

●箱の中身は、次々に処理する！

箱の中身は、どんどん処理しましょう。

たとえば、有給休暇届。確認したら上司に回覧。

広告やチラシ、カタログなどは読み終えたら、次の人に回すか捨てるか書庫保管庫などに保管。

名刺は、飛び込み営業などでもう会わないならシュレッダー。今後もお付き合いが続くなら名刺フォルダーへ。

領収書は精算。

アイディアを書いた手帳の切れ端は、ネタ帳などに転記してから捨てる。

来月10日に開催される社会保険の説明会の案内。この案内状を最初に見たときに、日付の書いてある箇所を黄色のマーカーで塗り(コピーしたとき黄色は写らないため)、同時にスケジュール帳に説明会の日程を記入します。

そして案内状は「明日以降に処理する箱」へ。

今日、処理が終わらなかった書類は、また書類箱に戻します。したがって説明会がくる日までは、書類箱をひっくり返すたびに「明日以降に処理する箱」に移動しなければなりません。

面倒だと思うかもしれませんが、日付を黄色のマーカーで塗った書類は、日付だけ見ればいいので0・8秒で移動ができます。

今、読んですぐに処理できそうな書類は、読みきって書類保管庫や次の回覧先に回します。ここで「やってはいけない」のが、**途中まで読んで「明日以降に処理する箱」に入れること。**

その書類はどうなるか？

明日も最初から読み直すことになるのです！

そして最悪、明日も途中まで読んで挫折。途中まで読んだ時間が何も意味を持たないことになってしまいます。

書類は読んだら読みきって処理する！　読めないなら読む日を決める！　その二者択一です！

挫折しそうになったら、なぜ、最後まで読みきれないか自問自答して下さい。

「本当に読めないのか？　読む時間がないのか？　それとも読んで処理するのが面倒なだけか？　難しい文章だから読むのが嫌なだけじゃないのか？　その程度の理由なら読め！　読みきれ！！」

自問自答して、面倒で後回しにするのではなく、2時から会議があるから、3時の新幹線に間に合わないからなど、読めない理由がある場合なら、何月何日と日付の書いたメモ紙をクリアフォルダに挟んで「明日以降に処理する箱」に入れておきましょう。

書類は、いつまでに読むと決めて時間のあるときに**読みきり処理する**のです。

●ルーチンワークは一覧を作り、コピーして使う

仕事にはルーチンワークがあります。

ルーチンワークとは、「あらかじめ決められた段取りや流れにそってこなせば誰にでもできる仕事」「手順、手続きが決まりきった仕事」などと理解されていますが、会社組織にとっては、なくてはならない仕事や間接的に売り上げに貢献している仕事も少なくありません。

ここでは、いろいろな意味を含めて、広義で、「**あなたが毎日行うこと**」だと思って下さい。

私がはじめてルーチンワークの一覧表を作ったのは、会社設立時だったため、ひとりで事務をしていた会社に、女性の事務員が入社してくれたときでした。

毎日行う仕事をいちいち指示するのもたいへんだし、忘れる可能性もある。それに、一覧表があれば、自分が外出しているときでも大丈夫……など、さまざまなメリットがあるので、A4のレポート用紙に、やることすべてを書き出して事務員に渡しました。もう25年以上前の話ですが、これが「ルーチンワークの一覧表」だということをだいぶ後から認識しました。

ちなみに、そのときに書き出したルーチンワークは以下のようなものでした。

朝　↓ポストから新聞を取る、ブラインドを開ける、ゴミ箱のゴミ集め、机を拭く、今日のゴミ出し、弁当屋の手配……など

昼　↓　食器洗い、ポットにお湯補充、郵便物のチェック……など

午後　↓　2階の拭き掃除……など

事務員が入るまでは、全部、私がやっていたことです。

その後、事務員が仕事を覚えていくたびに、現金の入力など、実務的な内容をA

4用紙に書き足し、私は仕事を手放していきました。

そのうち、まるで輸出した商品が現地で流行って逆輸入されるように、「これ、ルーチンワークを管理するのに便利かも」と気がつき、自分用の「ルーチンワーク一覧」も作成するようになったんです。

何度も書き足し、修正して、今では、優先順位の高い順にルーチンワークが並んでいます。「1．手帳記入」「2．スケジュールチェック」「3．メモチェック」「4．入金確認」……。

このように、「毎日行うこと」は、ルーチンワークの用紙を見れば確認できるようにしておきましょう。

ちなみに私は、ルーチンワークをA4用紙1枚に書いています。

そして、原本は日常業務が増えたり減ったりするごとに修正するので鉛筆書きで記入しています。たとえば、預金のチェックを毎日やるならルーチンワークに追加する。株価動向を見なくなったら削除する。

加筆修正があるので原本をコピーし、「やることノート」と同じように、該当する仕事が終わったら**番号に赤で丸をつけていく。**

A4用紙1枚で日常のルーチン業務のすべてを把握するのです。

●三種の神器、まとめ

ここまで「やることノート」「書類箱」「ルーチンワークコピー」という「三種の神器」の特徴を説明してきました。それぞれの利点を整理してみましょう。

・やることノート

机の引出しを開けるたびに思い出す、また買うのを忘れていたシャープペンシルの芯。今日こそ買おう。部下に頼もうかな。文房具屋に電話をして注文しよう。いや息抜きに自分で買いに行こう。いろいろ考えているうちに今日も買うのを忘れてしまう。こんなときには、やることノートに「シャープペンシルの芯」と書いておけば解決します。忘れてはいけないことや、つい忘れがちなことなど、どっちにも有効なのが、この「やることノート」です。

・書類箱

透明なデスクマットに挟まれた作りかけの忘年会の案内。車のサンバイザーに放置してある駐車場の領収書……すべてクリアファイルに入れて書類箱に積み上げれば解決します。中身を見なくてはならない書類、処理が必要な書類など、機械的に溜めておける一時避難先が書類箱です。

・ルーチンワークコピー

日常業務を「やることノート」に書くのは時間の無駄です。写経仕事術のように今日やろうと思っていた仕事を先送りするなら、懲罰的に終わるまで毎日書いてもいいのですが、ルーチンワークは当たり前のように毎日行う仕事です。書く必要がありません。毎回、ルーチンワークの一覧をコピーにとれば解決します。毎日、繰り返すことの抜け漏れ防止はこのルーチンワークコピーで。A4で1枚が使い勝手が良いです。

やることは、すべて「やることノート」に記入しました。

処理しなければならない書類は、すべて書類箱に積み上げました。

ルーチンワークをコピーした用紙で、日常業務を把握しました。

自分が行わなければならない**仕事はすべて、この3か所に網羅されています。**

これぞ仕事の「見える化」。やるべき仕事を把握していると精神的に安心できます。この「三種の神器」「ビッグスリー」で、ストレスフリーを体験してみて下さい。

3. やることの優先順位を「ベストテン」で決める

私が高校生の頃、『ザ・ベストテン』という音楽番組が流行りました。その名の通り、ランキング上位10曲を10位から順番に発表していきます。現在、放送されている『カウントダウンTV』の元祖のような番組。

自分が好きな、安全地帯やサザンオールスターズが1位を取れるよう応援したり、普段テレビに出ないアーティストが出演するとテンションが上がったりして……。要は、テレビの前で釘付けになって観ていました。

なのに、その放送時間に、玄関の固定電話に電話がかかってくることがあったのです。夢中で見ている兄弟は当然、無視。仕方がなく玄関に向かう母親。しかし、その母から、「カズ、○○君から電話だよ」という無情な呼び声が。

高校生は全員観ている（と私は思い込んでいる）はずの『ザ・ベストテン』の時間帯になぜ？　しかも、1位のチェッカーズが歌っている時間に！

居留守を使うという高等テクニックを持ち合わせていなかったため玄関へ。録画もできない時代。今しか聴けないチェッカーズの歌を聴けずに、明日でも会える同級生の明日でも聞ける話を聞く羽目になる……。

すみません。懐かしさのあまり、出だしから語ってしまいました。

何が言いたいかというと、「あなたの数ある仕事にもベストテンをつけて下さい！」ということです。

ただし、すべての仕事にではありません。すべての仕事に優先順位をつけていたら、膨大な選択時間と疲労だけが残ります。

つける順位は上位だけ。「やることノート」と「書類箱」から、優先順位の高い仕事を選び出します。選ぶ目安は、「緊急かつ重要な仕事」。

選び出した仕事が、優先順位の高い順に、「資金繰り」「現金チェック」「給料計算」「管理費見直し」「忘年会の案内」だったとします。順番が決まったら、次は、今までの経験や感覚で、1つひとつについて、おおよその所要時間を考えるのです。

資金繰りに2時間、現金チェックに30分、給料計算に40分、管理費見直しに1時間……これでだいたい4時間になります。

優先順位のベストテン作りは、合計4時間前後になった時点で打ち切りです。

テレビ番組に放送時間があるように、仕事にも勤務時間があります。

優先順位の高い仕事を行うのは、午前2時間、午後2時間の合計4時間です。勤務時間は約8時間ありますが、そのうち半分は優先順位の高い仕事、残りの半分は上司からの突発的な仕事やお客様からの依頼などに備え、柔軟に対応できるようにしておくことがストレスをためないためにも良いのです。

「今日は、1位の資金繰りから4位の管理費見直しまでで約4時間。今日の目標は、まず、この4つの仕事を終わらせること」と決めましょう。

『ザ・ベストテン』では、10位の曲から歌っていきましたが、あなたの**仕事は1位からやっていきます。**

「勤務時間の半分しか優先順位の高い仕事をしなくていいの?」あなたはそう思うかもしれません。しかし、急な仕事や雑務に追われる1日の**半分もの時間を、優先順位の高い仕事に費やすのです。**

1日4時間も優先順位の高い仕事ができるなら、相当の成果が出ると断言します!

もしも10位から4位までの歌手のみの登場で、いつも3位から1位の歌手が登場しなければ番組として成り立ちませんよね。番組プロデューサーも、1位から順番に出演交渉に力を入れていたはずです。あなたの仕事も、優先順位1位から取り組んで、確実に終わらせていくことが重要なのです。

毎日、優先順位の低い仕事ばかりをして「忙しい、忙しい」と言っている人がいます。終業時刻までずっと忙しくふるまっている。それでいて、重要な仕事は、残業しても終わらない。

そういう人は、本人には悪気も自覚もないかもしれませんが、重要でもない仕事に時間を割いてしまっている場合が多いのです。

番組で、50位以下の曲を100位まで紹介しているうちに、放送時間が終わってしまうようなものです。

50位から100位の曲は、全部が束になっても上位4曲にはかないません。重要でもない仕事を続けても、会社にわずかな貢献しかできないのです。

『デキる人は皆やっている一流の仕事術』（明日香出版社）の著者である浜口直《はまぐちなお》太《た》氏も、その著書で「仕事とは自分のわがままとの戦い。好きな仕事や簡単な仕事ばかり優先してやっていると必ずトラブルが起こるという。テキパキ仕事をしているつもりでもこんな落とし穴にご用心」と言っています。

「やることノート」で緊急かつ重要な仕事を視覚化すれば、優先順位の高い仕事を先延ばししていることに気づくことができるのです。

まず、明確に自分が今やらなければならない仕事を意識する。つまり優先順位1位から4時間分の仕事を意識する。ここから始めて下さい。この意識を持つことが重要なのです。

ただ、優先順位がベストテンに入らない仕事でも、自分の好きな仕事や今日やりたい仕事もありますよね。

それが、『ザ・ベストテン』でいうところの「今日のスポットライト」(順位と関係なく話題曲を紹介するコーナー)です。

時間がなければ行う必要はありませんが、優先順位の高い仕事が4時間以内に終わったらやる仕事。気になる仕事や好きな仕事をご褒美感覚で行って下さい。

今日やるべき優先順位の高い仕事と、今日のスポットライトを決めたら本格的に仕事に取り掛かりましょう!

4. 緊急度×優先度で優先順位4時間分を再確認

「今日も忙しいんだよな～俺。お前らと違って」という雰囲気で仕事を始める人がいます。

スケジュールの確認、机の上の片づけ、パソコンの電源を入れて情報収集という名のネットサーフィン、メールの返信、社内の人事調査という名の喫煙所での一服、メールの返信の返信、鉛筆削り、営業に繋がるかもしれないという名目の友人とのLINE、仕事の始まりは1杯のコーヒーから、しかもドリップコーヒーという拘《こだわ》りつき、打ち合わせという名の悪口大会、メールの返信の返信の返信、身だしなみという名の爪切り、会議という名の談笑、メールの返信の返信の返信の返信、靴が汚れていると「デキナイ男」と言われると雑誌に書いてあったので靴磨き……。それなりに忙しいので本人は仕事をしていると思っています。しかし出社から2時間が経過しても成果ゼロ。

そういう人は、まだ、何1つ仕事らしい仕事をしていないのです。

また、前述したように、すべての仕事を「やることノート」に書き出すこと自体は良いことです。それが鉛筆削りでも靴磨きでも「見える化」になる。友人へのメールでも「やることノート」に書くことによって、目の前にある仕事に集中できる。

ただし、その**書き出した項目を優先順位お構いなしに次から次へと片づけようとすることがダメ**なのです。

すべての仕事を終わらせる自信のある方や、やるべきことがもともと少ない方なら問題はありません。しかし、現実は難しい。**いつも優先順位の高い仕事をやり残しての先送り**。大事な仕事は、難しかったり手間がかかったりすることが多いので無意識に避けてしまっているのです。

学生時代。中間テストの時期に、部屋の大掃除を始めたりしませんでしたか？　普段しないことなのに、よりによってこんな時期に。

なぜ大掃除をするのか？　勉強はしたくないけどテレビを見るのも気が引ける。

勉強しない言い訳のための現実逃避として大掃除を始めるのです。

たしかに掃除をすれば部屋は綺麗になり、気分もスッキリです。額の汗をタオルで拭いてコーラをひと飲み。充実しているけど、**明日の試験には1点も加算されません。**

「懐かしいな～、あの当時は自分もよくテスト前に掃除をしたな～」と思った方。荒井（松任谷）由美の名曲、『卒業写真』の歌詞、「卒業写真の面影がそのままだった」ではありませんが、もし、今の始業の状態が例に挙げたような状態なら、今も学生時代と変わらないことをしているのかもしれません。

優先順位の高い仕事があるのに、まずはコーヒーを飲みながらネットサーフィン、そして、文房具屋に朱肉を買いにお出かけ。これでは、試験があるのに大掃除をするのと同じ現実逃避です。

時間は限られています。現実逃避している暇はありません。

いや、現実逃避だけではありません。好きな仕事、簡単な仕事、優先順位の低い仕事に時間を使ってしまうと、気づいたときには退社時間。難しい仕事は、明日に先送りになってしまいます。

忙しくしているつもりでも、これではいつまでたっても優先順位の高い仕事から卒業できません。

そんな状況にならないためにも、**仕事を分類し、優先順位の高い仕事を再確認する必要があるのです。**

タイムマネジメントを語る上で良く登場するのが、緊急度と重要度の2つの軸で考えるマトリクス図。緊急と重要の組み合わせで4つに分けられます。

①緊急かつ重要なもの
②緊急ではないが、重要なもの
③緊急だが、重要ではないもの
④緊急ではないし、重要でもないもの

好きな仕事や簡単な仕事は、③か④に集中する傾向にあります。ともに重要ではないので、簡単に終わるケースが多いのです。

緊急度×重要度のマトリクス図

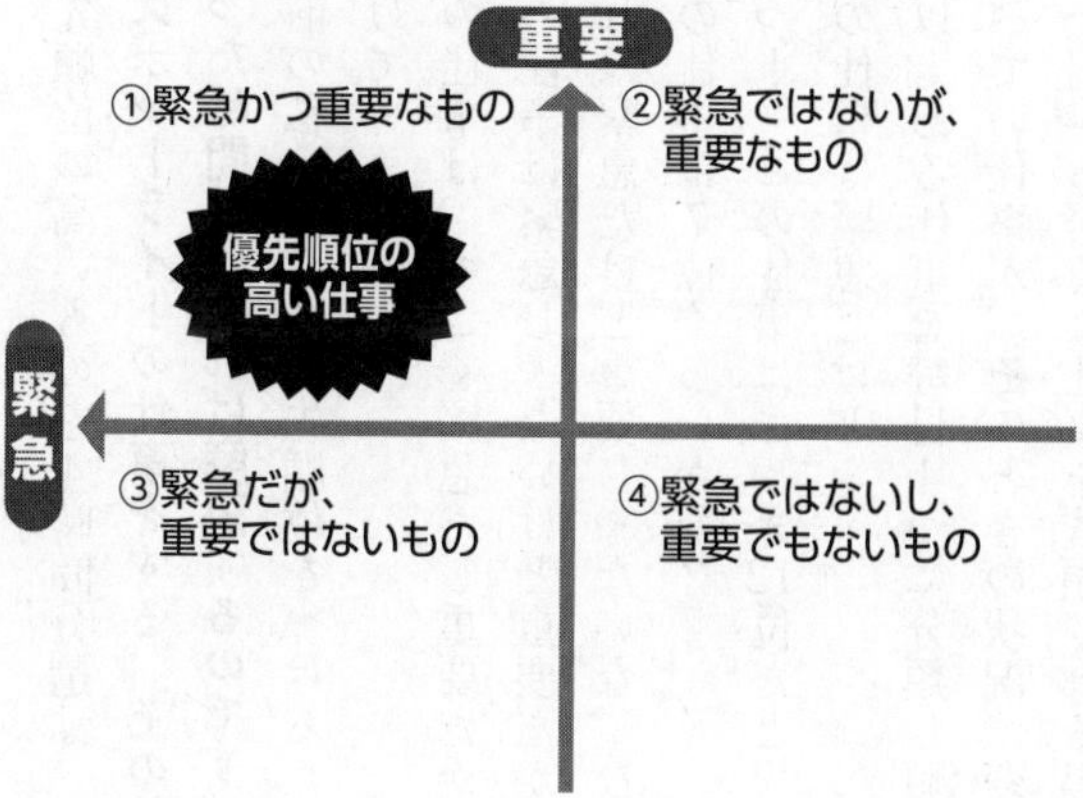

ノートに書き出した項目にも、丸がつきまくって一時的に気分もスッキリ。

大事な仕事は難易度が高く手間もかかってしまうので、目の前にある簡単な仕事に飛びついてしまうのです。

そのため、最終的には大事な仕事が残ったままでタイムオーバー。

残業しようにも難しい仕事なのでやる気にならないし、7時間以上働いた今となっては集中力も続きません。

では、どうするか？

それが先ほどあげた、「やることの優先順位を『ベストテン』で決める」なのです。

優先順位の高いものを4時間分選ぶ。**4時間以内に優先順位の高い仕事が終われば、スポットライトの仕事をする。その他の仕事は、隙間の時間や集中力の続かなくなった時間帯にやれば解決するのです。**

以前の私は仕事に優先順位をつけるために、仕事を4つに分類し、さらに順番までつけていました。

この仕事は、すごく緊急だし重要だから1位かな。

この仕事は緊急じゃないけど重要だから6位かな。

これは緊急だけど重要じゃないな。ひとまず保留。

この仕事は7位ぐらいかな？

あっ！　この仕事はさっき12位だと思った仕事より重要かも……。

この仕事は緊急だけど……。

30以上ある仕事を毎日4つに分類し順位までつけるのは、正直面倒で手間です。

すべての仕事が、そのときの状況で変わったり明確に線引きできなかったり。さらに上司から緊急な仕事を依頼される場合や、お客様からの突然の注文が割り込んでる場合もあります。そのたびに、「7位と8位の間かな」とか、「この仕事は13位だな」とか、考えなければならなくなるのです。

こんな不具合を避けるためにも、今日やるべき優先順位の高い仕事を4時間だけ選び、実行すれば良いのです。

その他の順位は、一切無視してしまいましょう。

まとめ

1 仕事は3か所にまとめる

・無理やり1カ所にまとめるより、「やることノート」「書類箱」「ルーチンワークコピー（ルーチンワークを書いた用紙のコピー）」の3か所で管理

2 ノート・書類箱・ルーチンワークのビッグスリー

・やることノートは、好みの色とデザインのノートを選ぶ
・1行5分以下ルール（1つの仕事が15分かかるなら3行に分けて書く）
・仕事が終われば番号に赤のボールペンで丸をつけていく
・頭の中にある気になることは、やることノートにすべて書き出し、頭がクリアな状態で目の前にある仕事に集中する
・今日できなかった仕事は、番号に青のボールペンで丸をつけて屈辱の翌日回し
・やることノートは、行事カレンダーにもなる
・書類は、書類箱に積み上げることで「見える化」する

・書類箱に入っている優先順位の高い仕事は、ノートにも書く
・書類は読んだら読みきる、読めないなら読む日を決める
・日常業務（ルーチンワーク）は、A4用紙1枚に書き、コピーして使う（原本は日常業務が増えたり減ったりするごとに修正）

3 やることの優先順位を「ベストテン」で決める

・優先順位の高い仕事を行うのは午前2時間、午後2時間の合計4時間だけ
・4時間の範囲内で優先順位の高い仕事を選ぶ
・優先順位1位から4時間分の仕事を今日終わらせると決める
・仕事は優先順位1位からやっていく

4 緊急度×優先度で優先順位4時間分を再確認

・緊急度と重要度の2つの軸で考えるマトリクス図を参考に優先順位を再確認する
・目の前にある簡単な仕事に飛びついてしまいがちなので注意

CHAPTER
6

午前中

もっとも重要なガムシャラタイムの使い方

1. ガムシャラタイムは優先順位1位から

大人になると、なかなか素直に泣けません。

人の目が気になるから、似たような感動を以前にも味わったことがあるから、人生経験を積み上げたから、さまざまな理由で、私はめっきり泣くことが少なくなりました。もしかすると、もう少し年を重ねると涙もろくなるのかもしれませんが……。

そんな、なかなか泣かなくなった私が、あるDVDを観て大泣きしてしまいました。

それは、『我武者羅應援團（ガムシャラオウエンダン）』のDVDです。

いや〜。泣きました。

我武者羅應援團とは、「気合と本気の応援で世界を熱くする」という志のもと、團長《だんちょう》である武藤貴宏さんを中心に、独自の応援を繰り広げているプロの応援団です。

対象は個人、家族、学校、会社など。応援が必要なところなら、どこへでも駆けつけて応援します。オールバックに学ラン姿。ガムシャラに目の前の人を応援する姿に、見ている者は心を打たれるのです。

ニュースサイトの日経トレンディネットに載っていた、我武者羅應援團の記事を読みました。

取材者が、「今までに応援できない依頼があったか?」聞いたところ、團長はこう回答していました。

「どちらか、いっぽうだけを応援することはできない」

たとえば野球チームに応援を依頼されたら、相手チームも応援してよいなら依頼を受けるそうです。そして、試合のときは両チームだけでなく、審判もウグイス嬢もボールボーイも応援する。

「勝ち負けを応援するんじゃなくて、その人が精一杯生きることを応援したいんです」と答えていました。

ちなみに、みんなに踏まれながら頑張っているベースも応援するそうです。

誰に対しても、思いっきり応援する姿は、見ていると感動します。そして、エールを贈られた人は、一生懸命ガムシャラに生きようという気持ちになるのです。

私たちも、我武者羅応援團に応援されなくても、自分で自分を応援することができます。自分自身を応援して、目の前の仕事に一生懸命に取り組む。難しい仕事にもガムシャラになって向かっていく「ガムシャラタイム」です。

朝の始業タイムに優先順位1位の仕事を決めたら、集中力の高い午前中にガムシャラに行いましょう！

始業前には、今日の予定をチェックし、簡単な雑務を終わらせる。始業したら、見える化した仕事の中から、優先順位の高い仕事を決める。

次は、いよいよ、集中力の高い午前中に優先順位の高い仕事を行っていくのです。

ガムシャラタイムのスタート目安は、始業の約30分後です。8時30分始業の会社なら9時から、9時始業なら9時30分から。もちろん早ければ早いほどいい。始業時間のかなり前に出社していれば、それだけ早くスタートを切ることができます。

仕事術のセミナーを行うと「優先順位2位の仕事からスタートではダメです

か?」と聞いてくる受講生がいます。

私は、そう聞かれるといつも、「理想的には1位から行うほうがいいです」と答えます。

優先順位2位から手をつけた場合、せっかく2位という緊急かつ重要な仕事を終わらせても、優先順位1位の仕事がまだ片付いていないので素直には喜べません。もっとも厄介な仕事を終わらせることが、もっともストレスをためない方法なのです。

しかも、先に優先順位1位の仕事を倒せば2位を倒すのは楽です。難敵な1位を倒せる力のあるあなたは確実に2位を仕留めることができるのです。

しかし、2位を先に倒しても、1位を倒せるかどうかは分かりません。

思いのほか手ごわくて、「しまった、やっぱり、こっちを先にやっつけておくべきだった」ということになるかも。

あなたは、優先順位1位も2位も、たいして変わらないと思うかもしれません。

しかし、そこには大きな違いがあるものなんです。

「日本で一番高い山は？」と質問されたら「富士山」と答えられても、日本で2番目に高い山を正解できる人は、なかなかいません（答えは北岳《きただけ》）。

同じく、世界一高い山を聞かれて「エベレスト」と答えられても、2番目に高い山は答えられません。（答えはカラコルム山脈のK2）。

単純に、1位と2位では、これほどまでに差があるのです。

集中力がある午前中、仕事は、迷いなく優先順位1位から倒す！

ガムシャラタイムには、優先順位1位の仕事から始めてみて下さい。

2. 邪魔になる「質問」と「連絡」を排除する

午前中、仕事を始めて10分後。だんだん波に乗ってきて、集中力も高まってきました。

ガムシャラタイムの集中ゾーンに入った、その瞬間。

「石川さん、電話です」の声。

集中ゾーンから、いっきに現実世界に引き戻されてしまいます。

せっかく集中の波が来かかっていたのに。次の波が来るまでどれくらいかかってしまうのか分かりません。

朝からしつこいセールス電話をなんとか切って、新たに集中ゾーンに入っていこうとすると……。

「石川さん、ここ分からないんですけど」と、今度は部下からの質問。

手早く教えて、また集中力を高めていくと……。

♪ピロロロー！　ピロロロー！

今度は、携帯電話のメール音。

「神は私をお試しになっているのか？」と、嘆きたくなるような邪魔の連続攻撃。

いいえ、これらの試練は、神様が集中力や忍耐を試しているのではありません。すべては、予防線を張っていない自分が悪いのです！

せっかく、ガムシャラタイムに入ろうとする、その集中力をそぐ原因は、大きく分けて2つ。

内部からの質問と、外部からの連絡です。

恋愛、酒、たばこが禁止の昔のアイドルグループのように、ガムシャラタイムは**「電話・メール・声掛け禁止」**にしましょう！

試験中にメールを見たり談笑したりタバコを吸ったりする人はいません。合格点を取るために全力で試験問題に挑んでいます。

ガムシャラタイムも同じです。2時間なら2時間。その仕事をやり遂げるまでは、『鬼滅《きめつ》の刃《やいば》』に出てくる鬼殺隊《きさつたい》のごとく「全集中の呼吸」で、やり続けるのです。

そのためにはどうするか？

まず、内部からの質問を防ぐため、ガムシャラタイムに入る前に、同僚や部下との綿密な打ち合わせが必要になります。

質問は、ここで先にしておいてもらう。

また、ガムシャラタイムには、外部から連絡が入った場合も、緊急性もしくは重要性があると判断したときだけ自分に取り次ぐように、周りにお願いしておきます。

メールやLINEは、もちろん通知オフです。

仕事の分担についても、部下がいる方は、2時間は質問しなくてもやれるところまで部下を育てておく。

また、最初は教育係を任命して部下の指導にあたらせる。

部下が1人のときは、育てるつもりでマンツーマン指導。もしくはガムシャラタイムでやる仕事を一緒に行う。

言い方は悪いですが、自分の手足になって働いてくれる部下がいることは、集中力の阻害にはなりません。また、同僚と2人しかいないなどの場合は、**電話当番や来客応対を交替制にする**という方法もあります。

以前勤めていた会社でのこと。

有給休暇を取って実家に帰っているときに、会社に電話をかけました。

電話に出たのは新入社員。「石川です。何かありましたか?」と聞くと……。

「佐藤さんという方から電話がありました」

「どちらの?」

「あっ！　聞いていません」

「えっ！　連絡先は？」

「あっ！　それも聞いていません」

「……」

「あっ！」

「なに？」

「……男性でした」

日本一苗字が多い佐藤さんに対して、手がかりは男性のみ！　結局、誰からの電話だったのかは分からず迷宮入りしました。

その新入社員も、このちにはバリバリ仕事ができるようになりましたが、部下を育てることは、本人や会社のためだけではなく、自分のためにもなるのです。

3. 優先順位の高い仕事をやる4つの方法

先ほど、ガムシャラタイムは午前中の2時間に集中して下さいと言いました。

仕組みを作れば、電話の取次ぎ、メール、声掛けを防ぐことはできます。

しかし、毎日毎日、難易度の高い面倒な仕事に、そうそう「やる気」を出し続けられるのは、結構、たいへんです。

各種の試験は、それまでずっと何百時間も勉強してきた努力を2時間という限られた時間内で答案用紙にアウトプットする行為です。70点が合格ラインなら、その点数を取れば、「合格」というご褒美を与えられます。

合格すれば目標達成、試験によっては夢を実現させる第一歩かもしれない。逆に点数が届かなければ不合格。再び勉強しなければならない。

ガムシャラに行う動機が満載です。

しかし、毎日の仕事は、そこまでのものではありません。「毎日、試験と同じようにモチベーションを保ってガムシャラにやって下さい」と言っているだけでは単なる精神論になってしまいます。

では、午前中の2時間。やる気を維持しつつ優先順位の高い仕事をやるには、どうすればいいのか？

ここで4つ、そのための方法をご紹介しましょう。

●ガムシャラタイム集中法1　期限を決める

まず、「期限を決めて仕事をする」ことにより、やる気や集中力が高まります。**期限には人を集中させる不思議な力**が宿っているのです。

私の場合、期限の区切りは基本的には15分。ただし、午前中の集中力がみなぎっているときは30分〜45分。たとえば、優先順位1位の仕事が60分かかるとしたら、ここまでは30分で終わらせて、残り30分で最後まで終わらせるなど、期限を決めて行っています。

ただし、「30分でここまでは終わらせる」と期限を決めて頑張ろうとしても、19分、22分、25分、26分と何度も時計を見るのでは気が散ります。逆に、気がつけば、30分を通り越して33分になっていたりして……。

じゃあ、タイマーを使って30分を計ろうと思っても、オフィスにほかの人がいたら、タイマーの音で迷惑をかけることになります。

そのようなときは、携帯電話のタイマー機能を利用しましょう。

30分経ったら**バイブが振動するように設定しておく。そうすると何度も時計を見**

て確認する必要がなく、音が鳴って職場の方の集中力を奪うこともなくなります（機種によってはアプリを購入しなければバイブ機能がない携帯電話もあります）。

私は始業のときからタイマー機能を利用しています。「この仕事は15分で」「この仕事は30分で」など、期限を決めて仕事をするのです。

途中で打ち合わせが入ったり、訪問客がきたり、より優先順位の高い仕事が入ってきたりします。その都度、タイマーをストップさせてほかの携帯でタイマーセット。同時進行的になった仕事に対処するために、以前使っていたガラケー（従来型の携帯電話）を3台駆使して管理しています。

●ガムシャラタイム集中法2　仕事を細分化する

優先順位の高い仕事は、緊急で重要なだけではなく、「難易度が高い仕事」が多いことと思います。仕事の全体像を見て、あまりのやるべきことの多さに戦意を失う。「まとまった時間ができたら始めよう」と、なかなか最初の一歩が踏み出せない。

そんなときには、仕事を細分化しましょう。

税理士試験の受験時代。消費税という科目を勉強していました。1週間に1度、専門学校で3時間授業の講義を受けますが、進み方がハイペース。多い日で50ページ以上もテキストが進みます。働いている身で来週までに50ページ分を理解し、さらに問題集や理論の暗記をするのは、かなりたいへんです。

そこで、表計算ソフト、エクセルの登場です。テキスト1冊分322ページ分のマスを作り、マスの中に1~322の数字を連続データでドラッグして作成します。作成時間は5分。あとは、1ページ勉強が終わるたびに、当時一番好きだった黄色の蛍光ペンでマスを塗りつぶすのです。

50ページを一気にやろうとすると、最初の一歩が踏み出せません。7日で割って7ページ分を1日のノルマにするのです。

7ページなら何とかなる気がして頑張れます。50ページと思うとたいへんだった勉強が、「あと1ページ分だけ、いやもうあと1ページだけ、昼休みに3ページだけ……」と、7ページの予定が8、9、12……。気づいたときには、7日かからずにノルマを達成することができていました。

漠然と「50ページをやろう」と思ったら、挫折して、専門学校に通わなくなっていたかもしれません。細分化することにより、巨大な項目である消費税を消し去ることができたのです。

仕事も同じです。たとえば「クマの木彫り」を作ろうと考える（注：あくまで仕事の例です）。なかなか作業の一歩目が踏み出せない。

そこで細分化です。

1日目は木を切る、2日目は木を運ぶ、3日目は木にクマのかたどり……というように細分化していきます。

やることとノートの書き方も工夫します。漠然と「クマの木彫り」とだけ1行に書くと、なかなか仕事に取り掛かる気になりません。どうせ1日で終わらないから、次の日もノートに「クマの木彫り」と書かなければならないので達成欲も満たされません。その思いを解消するためには、ノート6行にわたって「クマの木彫り

（1）～（6）」と記入するのです。

バイブ機能を30分にセットして仕事を始めます。1行5分以下ルールなので、30分間仕事を終えたら「クマの木彫り（1）～（6）」の6個に赤丸を付けることができます。

また、あまり気乗りしない仕事の場合は、**特別編で1行3分ルール**にして、30分仕事を行えば30分÷3分で10行に丸をつけるご褒美を自分に与えるのです。その日のやることノートが、次々埋まって達成感が得られます。

そして最後の手段。究極のやる気術。本当に本当にやる気の起きないときは、もう大サービス、2分で1行。ノートに事前に「クマの木彫り（1）～（15）」を、15行に分けて書いておくのです。たった30分行えば、ご褒美に15個も丸を付けられます。それだけでも「やる気」が湧いてくるから不思議なものです。

●ガムシャラタイム集中法3　ホラー映画仕事術

優先順位の高い仕事は、緊急かつ重要な仕事ですが、同時に難易度が高いので最初の一歩が踏み出せない。細分化して1行5分ルールや3分ルールで達成感を得るのもいいのですが、**何も考えずに始めること**も1つの方法です。

ホラー映画を観るときを思い出してみてください。ホラー映画って、真剣に観てしまうと、いろいろな疑問が沸き上がってきます。

「なぜ1人でそこに行く〜？」

「結構なピンチなのに、なぜアメリカンジョークが言える〜？」

「なぜ、『モンスターがいる』とヒロインが言っても、皆、鼻で笑って信じない？」

「言ったヒロインも『疲れているんだよ。キャサリン』とか言われて、なぜベッドに寝かされ、ちょっと微笑みながら横になる？」

「なぜ、モンスターに追われているとき、車のカギが、エンジンの差し込み口に入らずに落ちてしまう？」

「せっかく差し込み口に入っても、今度は『キュルキュルキュル』って、なぜエンジンがすぐにかからない？」

「なぜ、ここでみんな別行動をする⁉」

「警察に電話しても、なぜ、つながらない？」

「つながっても、交換手の態度が、なぜかいつも横柄？」

「せっかく屈強な警察官が登場しても、なぜ、一瞬でモンスターに殺られてしまう？」

「そんなに強いモンスターに、なぜ、華奢《きゃしゃ》なヒロインが結構良い勝負をする～？」

「押し倒されて首を絞められているとき、なぜ、手を伸ばすとうまい具合に、石とか鋭利な刃物が落ちている？」

すみません、つい、たくさん例を挙げてしまいました。

何が言いたいのかというと、真剣に考えながら観たが最後、辻褄《つじつま》の合わないことだらけで、バカらしくなってくるということです。

ホラーを観るときは何も考えずに観るのに限ります。

難易度の高い仕事を始めるときも同じです。あれこれ悩まずに、エイヤって、何も考えずに始めて下さい。

この仕事は何時間もかかるし、クマ牧場に電話をして、役所からクマ検査の許可をもらい、熊田課長のいつものダジャレ「クマったな〜」「困ったベア〜」を笑わないと不機嫌になるし……。面倒だな〜、などと考えていたら、いつまでたっても始められません。

綿密な計画を立ててから始めるほうがうまく進む仕事もありますが、難しくて、面倒なだけの仕事なら**まず始める。**

何も考えずに、とにかく仕事を始めるのも1つの手です。

私はこの方法を、「ホラー映画仕事術」と呼んでいます。

『トム・ソーヤの冒険』の著者であるマーク・トウェインの言葉です。

「カエルを二匹飲み込まなければいけないときは、大きいほうから飲み込むこと。それと、あまり長いあいだ見つめないことだ」

カエルを飲み込むとは、まさにホラーですが、「大きいほうから飲み込む」というのは優先順位の高いほうから片づけなさいということ。そして「**あまり長いあいだ見つめない**」**とは、始める前にあれこれ考えないほうが良いということ。**

この2つの考え方を習慣化できれば、仕事が楽に片づきます。

●ガムシャラタイム集中法4　仕事をゲームに変えてみる

『トム・ソーヤの冒険』と言えば、あの物語の中にも仕事に役立つエピソードがあります。

トムは、イタズラの罰として、学校が休みの日に叔母さんからペンキ塗りの仕事をさせられます。塀はとても長く、ペンキ塗りは1日では終わりそうにありません。

そこへ、トムをからかいに、大勢の友だちがやって来ました。

そのとき、トムは良いアイディアを思いつきました。**ペンキ塗りをさも楽しそうにやり始めた**のです。それを見ていた友だちたちも、ペンキ塗りをしたくて堪《たま》らなくなります。

「ぼくにもちょっと塗らせてよ〜」と頼む友だち。

「だめだめ、こんな楽しいことを譲れないね」と、そっけなく断るトム。

どうしてもペンキ塗りがしたくなってしまった友だちたちは、リンゴや凧といったワイロまで持ってきました。トムは、ここまできて、ようやく仕方なさそうにペンキ塗りの仕事を譲るのです。友だちたちは、喜んでペンキ塗りを始めます。トムはペンキ塗りをせずに済んだだけではなく、宝物までせしめて、皆がペンキ塗りをするのを寝そべって眺めていました。

ここで言えることは、仕事なんて、**たいへんと思えばたいへんだし、楽しいと思えば楽しい。要は気の持ち方次第**ということです。

大人になると、働いたら労働の対価としてお金をもらいますが、子どもはお金を払って職業体験型テーマパーク、キッザニアに働き（遊び）に行きます。楽しそうにふるまっていれば、たいへんな仕事も楽しくできる。友だちも寄ってきます。同僚も思わず、「手伝わせて」と言ってくるかもしれません。

私も大学生の頃、似たような体験をしました。

当時は札幌でひとり暮らしで、朝まで遊んで学校に行き、次の日も朝まで飲んでバイトに行くの繰り返し。5時に目が覚めると、朝の5時なのか夕方の5時なのかテレビをつけないと分からないと、そんな日々。

夜中の11時過ぎに帰宅を急ぐサラリーマンと入れ違いにススキノに飲みに行き、深夜2時から友人と遊ぶのも普通のことでした。

その日も深夜3時。遊び仲間4人で、1人暮らしの私の部屋でトランプ大会。ワンルームマンションで男4人。

ただトランプをするだけでは面白くないので、負けたらデコピンやシッペの罰ゲームを繰り返していました。結構燃えましたが、メンバーを見渡すと2人はボクシング部で、しかもひとりは全国大学ランキング1位。残りはプロレス同好会に空手部。

罰ゲームのゲームという言葉を取って、ただの罰、いや拷問。内出血で腫れ上がる手首、額から流れる血。このままでは耐えられなくなると悟った4人は、罰ゲームを変えました。

負けたら自腹でコンビニに買い物に行くこと。最初は2リットルのコーラを賭けて、次はポテトチップス、プリッツ、ポッキー……。一通り飲食物も揃ったので、次の罰ゲームは飲んだグラスを下げること。その後、食器を洗い、食器を拭き、フライパンを洗う。コロコロクリーナーでラグマットの掃除、テーブル拭き……

そして、いよいよだと思った私は、「次に負けた人は罰ゲームのメイン！　トイレ掃除を賭けよう」と提案しました。すると、友人のひとりがとうとう、「なんかさ〜、石川君の部屋がどんどん綺麗になっていくだけじゃない？」と、私の密かなたくらみを見破ってしまったのです。

実は、最初は自分たちで飲んだグラスを台所に下げる。そして洗うという行為から、罰ゲームのフリをして、徐々に自分の部屋を綺麗にしていこうという陰謀を実行していたのでした。しかし、さすがにトイレ掃除の時点でバレてしまいました。

何が言いたいのかというと、ただ、他人の家を掃除するという仕事も、ゲームの一環として行えば楽しい遊びに変わるということです。（ゲーム化の効果は朝の準備でもお話をしましたよね）

もう1つ、ゲームに競い合いの要素を入れると、さらに楽しくなります。

トム・ソーヤのペンキ塗りの話も、もし2チームに分け、端と端に分かれて塗っていき、より多くの面を塗ったチームが勝ちという遊びに変えたら、**ペンキ塗りの仕事（ゲーム）が楽しくなって、寝そべって眺めていたトムも再び参加することになるかもしれません。**

優先順位の高い仕事を終わらせるのに、同僚や部下と2チームに分かれ、ゲーム感覚でスピードを競うのも、楽しく早く仕事を終わらせる1つの手段になるのです。

CHAPTER 6　まとめ

1　ガムシャラタイムは優先順位1位から

・優先順位1位の仕事を集中力の高い午前中にガムシャラに行う

2　邪魔になる「質問」と「連絡」を排除する

・ガムシャラタイムには、電話・メール・声掛け禁止
・声掛けを防ぐための打ち合わせや指示を事前にしておく
・外部からの連絡は、緊急性もしくは重要性があるものだけ
・メールやLINEは通知オフ
・電話当番や来客応対を交代制にする

3　優先順位の高い仕事をやる4つの方法

・期限を決める
・期限がきたら、携帯のバイブが振動するように設定しておく
・優先順位の高い仕事は細分化する（第一歩が踏み出せない場合があるため）
・難易度の高い仕事を始めるときは、何も考えずに始める
・2チームに分かれ、ゲーム感覚でスピードを競う

CHAPTER
7

ランチ

自分の未来のための活動に使う

1. 昼食前 ミーティング＋新聞の時間

ガムシャラタイムにその名の通りガムシャラに仕事をしたあなたは、すでに1日の仕事の8割は終わったようなものです。

優先順位1位の仕事をやりきるのが、いかにたいへんか。意識してやろうと決意しないと後回しにしてしまう。そんな仕事をやり遂げたのです。

騙されたと思って10日間だけ、午前中の2時間は優先順位1位の仕事から順番にやってみて下さい。

今まで**優先順位の高い仕事を先送りしていた方**は、残業してまでやってきた仕事内容よりも、充実していることを実感できます。そして、午後からの仕事が楽になります。

ガムシャラタイムで2時間集中したあなたが、午前中の最後に行うのは、自分が所属している部署での業務連絡です。

部署が5人の人は5人で、会社風土的に上司を巻き込めないという場合は、同僚、部下、後輩と。1人の場合は1人でも構いません。あなたの会社に合ったやり方で行って下さい。

12時から昼休みの会社であれば、11時40分から「昼食前ミーティング」のスタートをしましょう。なぜ「40分ぐらい」ではなく「ジャスト40分」なのかというと、理由は2つあります。

1つは、ジャスト40分にすることで**意図的に期限を作れるから**。40分までに終わらせないとミーティングに間に合わないという区切りが、集中力を発揮する原動力になるのです。

もう1つは、「40分ぐらい」にすると遅れてくる社員が出るから。3分遅れただけで、5人いたら15分（3分×5人）も時間を損失するのです。この時間から始めるという強い意志がなければ時間の損失は防げません。

●昼食前ミーティングでやることは？

昼前前ミーティングでは、まず、ガムシャラタイムの間にあった電話やメールなどの確認を行います。自分の代わりに電話に出てくれた当番の人には、心を込めて感謝の言葉を口にします。

1本の電話でペースが乱れる、集中力が切れたかもしれないところをその人が守ってくれたのですからお礼は当然です。

もちろんミスはあると思います。本来なら取り次いで欲しかった重要な電話を切ってしまう場合もあるでしょう。そのときには、今後どのような電話を取り次ぐのか再確認をしなければなりません。

ただし、その場合でも絶対に叱らないで下さい。先方のことについて一番知識があって一番分かっているのは、あなた本人です。あなたより知識のない他人が判断を誤る場合も当然あります。ここはミーティングで修正していけば良いのです。

また、電話に関しては、口頭での報告ではミスや手間が発生するので「電話連絡表」を作っておきましょう。

電話連絡票にいれる項目は以下の6項目です。

①日時　②誰から　③用件　④先方の電話番号　⑤先方の電話番号が登録されていたら短縮番号　⑥誰が受けたか

A4の用紙で電話連絡表を作れば、紛失も防げますし、クリアファイルに入れて書類箱に入れておくのにも丁度良いサイズになります。

何ごとも最初はたいへんですが一度仕組みを作ってしまえば、その仕組みどおりに行っていけるので楽になります。また、短縮番号が事前に分かると手間が省けてすごく楽です。ぜひ試してみて下さい。

午後から仕事内容の打合せも、この時間に行っておきます。

そしてもう1つ。会社の状況やあなたのポジションにもよりますが、もし可能であればミーティングの前に**部下に新聞（ネットニュースではなく紙の新聞）を読んでもらって、重要な箇所を教えてもらいましょう。**

部下が新聞を読むことには、上司にも部下にもメリットがあります。

部下側のメリットは、新聞を読む習慣がないことが多い最近の新卒社員に、会社が強制的に読む時間を作ることによって、同業他社の状況や経済を知る機会になること。重要な情報を上司に伝えなければならないため真剣に読まなければならないこと。情報が氾濫している時代に必要な情報を選択する力が養われること。読んだ箇所を分かりやすく説明しなければならないため、プレゼンテーションの練習にもなること。

いっぽう上司側のメリットは、部下、特に新人が、新聞を読んでいる時間は誰かに何かを聞くこともないため、その間は上司も集中して仕事を進めることができるということ。また、自分が関心のなかった最新情報でも、**違う世代には関心があることも多く、若い感性を借りて見聞を広めることができる**、などがあります。

ただ、ここで注意。

「新聞を読んで後から重要な記事の内容を教えて」とだけ依頼すると、新人だと2～3時間も読み続け、午前中が新聞読書会で終わってしまう可能性があります。実際、日本経済新聞など隅から隅まで読むと3時間でも足りません。

部下に読んでもらう場合でも、自分が読む場合でも、時間を決めて読むようにしてください。

私の会社では「**15分**」**というルール**に決めています。まず1面から順にめくっていって、見出しのチェック。気になるページには付箋を貼っておきます。**それから1面に戻って、残りの時間内に読みきるペースで読んでいく**のです。

有意義な情報が多く載っているときは、かなりのハイペースで読むことになります。この記事から何を知りたいか、この記事で伝えたいことは何だろうと推測してから読めば、速く読めるし理解も深まります。タイマーを置いて読みますが、途中で時間切れになった場合は**5分まで延長も可**。私はロスタイムと呼んでいます。

また「年末調整改正」「建設変換時代」など2ページにわたる特集記事などが載っている場合は、重要な記事であっても15分では読み切れません。そのときは新聞というより資料として扱います。付箋を貼ったままで後から読むか、コピーをして後から読むかで対応しましょう。

2. ヒルナンデス、眠いんです！

さあ、昼休みになりました。

こんな貴重な時間に、営業の電話が掛かってきたら100パーセント断ります。たとえ、どんな良い商品でも相手の都合を考えないで電話してくる相手とは付き合いたくないからです。

では、この60分をどう配分して、どう過ごすのか？

昼休みの有効な過ごし方は、大きく分けて3つあります。

1つ目は、まさかの「寝る」。

2つ目に、あなたの現在と未来に影響を及ぼすことを毎日やり続ける。

3つ目に、外部のランチ会に参加する。

1つ目は、まさかの「寝る」ですが、これには、ちゃんと理由はあるのです。

午前中、全速力で駆け回れば駆け回るほど、あなたは脳も身体もオーバーヒートしています。そんな状況で、すぐに食事をしたら眠くなるのも当たり前。だったら無理せず、まずは身体を休ませる。

ただし、眠る時間は15分です。

あまり長く眠ってしまうと、レム睡眠からノンレム睡眠に切り替わります。切り替わってしまうと、起きても眠気が取れません。ここは集中するために15分限定のお休みタイム。どうしても眠いときは眠る。疲れた身体で頑張っても時間は有効に使えません。

そのときに注意するのは、カフェインを摂るタイミングです。寝起きにコーヒーやお茶を飲んで気分をスッキリさせようと思っている人が多いのですが、これは間違いです。

コーヒーなどの**カフェインは眠る前に摂取しましょう。**

眠る前……つまり、15分前に取り込んだカフェインが、ちょうど脳に伝達され、起きたときに効き始めてスッキリと起きられるからです。あっ、もちろん、寝起きにもう1杯飲んでも構いません。

睡眠の話のついでに、就業中に睡魔が襲ってきたときの撃退法、**5大マル秘テク**

ニックを紹介しましょう。

テクニック1

上司の目の合わないところで、口が裂けるほどの**大あくび**をする（あっ！ あなた今、あくびをしましたね。あくびは字を見るだけでうつるから不思議です）。

テクニック2

強い清涼感のある**目薬**をさす。

テクニック3

青竹を踏む。以前に、ＣＡ（キャビンアテンダント）御用達と聞いたことがあります。

テクニック4

眠気覚ましを口にする。よく言われる、コーヒー、ガムより、意外に効果があるのが**堅いせんべい**。机の3番目の引出し。カップラーメンとカップラーメンの隙間に、草加せんべいの袋を立たせておく。眠くなったら1枚食べてみて下さい。その堅い衝撃が眠気を撃退してくれます。

テクニック5
散歩や運動など**身体を動かす**。トイレに行って軽い運動、他のフロアへの届け物にかこつけて階段の上り下り、ポストへの投函なども手です。

昼の休憩時間のうち15分を睡眠にあてても、まだ45分もあります。
この時間を何に使うのかによって、あなたの現在と未来に影響を及ぼすことになるのです。

3. もう両手で食事をしている暇はない？

昼休みの有効な過ごし方。2つ目は、「あなたの現在と未来に影響を及ぼすことを毎日やり続ける」です。

来週の日曜日に迫った資格試験。今月末に行われる昇進試験。来月行くハワイ旅行のための英語の勉強。

期限が近づいているのに、忙しくてできないと言う人がいます。

たしかに、1日8時間仕事をして9時間寝て、2時間食事したら残りは5時間。この時間をLINE、メール、ユーチューブ、テレビに使えば、すぐに24時間はなくなってしまう。

勉強法のセミナーの参加者からも、「勉強する時間がない」と相談を受けることがよくあります。

あるとき、「勉強する時間がない」と相談してきた受講者。しかし、その人の1日の時間の使い方を詳細に聞いてみると、ユーチューブを見て、ネット記事を読み、ドラマを1、2本。情報番組を見たあと、1時間ほど風呂に入り、フェイスブック、インスタ、ツイッターをチェックして寝ると言っていました。

この時間の使い方を聞いて、私は、「んっ？　暇なので何かお薦めの資格とかあ

ります か？」という質問だったのかと疑ってしまいました。

その方によると、「ネット記事、ドラマの情報が入らないと他人と話が合わない。シャワーだと身体の疲れが取れないのでお風呂ぐらいはゆっくり入りたい。繋がりが大事だからフェイスブックなどで返信しなければならない」とのこと。

私に言わせれば、全部、ただの言い訳です。

そんな時間の使い方で、いったい、いつ資格の勉強を頑張るのでしょうか？

たとえば、来週の日曜日に国家試験がせまっていたとしたら……。

正直、**もう両手で昼食を食べている暇はありません**。ラーメン、パスタ、そば、うどん……箸やフォークで食べるものは全面禁止です。食べていいのはオニギリとサンドイッチ。そして、からあげクン。

要は、容器を押さえないで片手で食べられるもの。もう片方の手はテキストを開くために使うのです。

注意するのはよく噛むこと。意識しないと、つい早食いになります。

逆に、**よく噛むと脳が活発になります**。ダイエット効果もあるし、一石二鳥の勉強法です。

ちなみに、時間の使い方には、ガムシャラタイムのように目の前にある1つの仕事に集中する時間の使い方と、**同時に物事を行う時間の使い方**があります。

お手洗いに入りながら新聞やビジネス書を読む。

歯を磨きながら自己啓発のDVDを見る。

フィットネスクラブで自転車をこぎながら英語のCDを聴く。

サウナに入りながら事業計画を立てる……など。

組み合わせにもよりますが、人間は、脳を使う行為(これは1つ)と、習慣でほぼ無意識でできることなら、同時に2つや3つのことを行うことができます。

その代表が、昼食時の左手にオニギリ、右手にテキスト、そして心には野望を持つこと！

そう考えて、昼食時間に、「あなたの現在と未来に影響を及ぼすことを毎日やり続ける」ことを習慣化してください。

4. ランチ会があなたの世界を変える

昼休みの有効な過ごし方。最後の3つ目は、「外部のランチ会に参加する」です。

こんな話を聞いたことがありませんか？

仲の良い仲間5人の顔を浮かべて、その5人の平均年収を計算すると、自分の年収と一致する！

私も見事に一致していました。

なぜ、このようなことが起こるのか？

それは、同じレベルの仲間と一緒にいると居心地が良いからなのです。

自分の周りには億万長者がいない。プロ野球選手がいない。医者の友人がいない。モデルなんてひとりもいない。当然です。自分がその基準の人ではないから。億万長者の周りには億万長者がたくさんいます。プロ野球選手の周りにはプロ野球選手、医者の周りには医者が大勢います。

私が税理士試験の勉強をはじめる前は、税理士の友人はひとりもいませんでした。しかし、資格取得後の今は、100人以上の税理士の友人がいます。勉強している当時は、「独立開業したい」「会計のプロになりたい」という高い志を持った方々と出会い、多くの刺激を受けました。

セミナー講師としてデビューをした途端、講師仲間や会社経営者の知り合いが増え、計り知れないほどの努力をしている方々から、人生の勉強をさせていただいています。

ビジネス書を出版したら、ビジネス書著者の仲間が増えました。これだって、出版前はビジネス書著者の知り合いなんてひとりもいなかったのに、自分が出版した途端、一気に何人もの著者と知り合いができ、本について語ったり、お互いの得意分野を教え合ったりしています。

自分がその基準になったとき、今までつき合ったことのない人が周りに増えていく。自分のレベルが上がれば、立っているステージも変わります。

誤解を恐れずに言えば、今までつき合っていた仲間とは、自然と疎遠になる可能性が高いのです。

では、自分のレベルが上がらないと、そのレベルの人たちの仲間に入れないか？

いや、そんなことはありません。自分から飛び込めばいいのです！

逆説的に考えてみて下さい。**付き合う人を変えれば自分のステージも変わるのです。**意図的に自分のステージを変えてみましょう。

そのためには、外部のランチ会です！

ランチ会に来る方々に共通なのは高い志、好奇心、向上心を持っていること。

そして何より、同じテーマのランチ会に「参加したもの同士」は「似た者同志」。

同じ志を持っているので、長い付き合いになるケースが多いのです。

実際、私が今、仲良くしている方やビジネスパートナーは、40歳を過ぎてから参加するようになったランチ会やセミナーの懇親会で知り合った方々です。

同じランチ会のタイトルに引き寄せられた人たちなので、当たり前と言えば、当たり前なのかもしれません。

ランチ会に参加したら、尊敬できる人、目指したい人、同じ職業になりたい人などを探します。そして、「この人は！」という人を見つけたらついていく。何度も何度も会う機会を増やして仲間になる。

もちろん、仲間になるためには一方通行では無理です。先方からも会いたいと思ってもらわなければなりません。

そのためには、自分を磨く努力をしていく。

仲間になるために自分を磨いていった結果、相手もこちらを必要とするようになり、同じステージに立つことができるようになります。

その仲間と、お互いが切磋琢磨しあい、さらなる高みを目指していくのです。

5. 仕事をしてはいけない

昼休みの時間には、寝ても食べても勉強してもランチ会に行っても構いません。

昨日は寝不足だったから、15分間ぐっすり眠ってリフレッシュ。

30分の時間を使って、資格試験の勉強をする。

美味しいモノを食べてストレス発散。新たな気持ちで午後の仕事。

三密回避の外部ランチ会に出向いて、自分の将来に影響を及ぼす仲間と出会う。

ただし、唯一してはいけないことがあります。


それは仕事。仕事だけはしないで下さい！

しかも、緊急かつ重要な仕事こそ行わないで下さい！


CHAPTER5でもお伝えした緊急度と重要度のマトリクス図を思い出してください。

ガムシャラタイムでは、あのマトリクスの中の優先順位1位である「緊急かつ重要なこと」に集中し、電話やメールを遮断して脇目もふらずにやりました。

しかし、残念ながら予定通りに終わらずにやり残してしまった……。

「でもいいか、残りは昼休みの30分で補える。納豆巻きを食べたら、気合いを入れて仕事をしよう」

昼休みを利用した良い方法だと思われがちですが、これ、大きな間違いです。

たとえば、財務部所属のAさんの例。

ある年の新年、大きな目標を立てました。

「たった一度の人生だから、生きた証《あかし》を残したい！ よし、自分にできることを見つけよう。今の財務の仕事は楽しいし10年以上働いているから、まずはファイナンシャルプランナーの試験に合格しよう。合格したら経験を積んで高齢者のお金の相談に乗って、老後に安心して過ごす手伝いをする社会を作ろう！」

しかし……。

日々の財務の仕事は忙しく、昼休みもオニギリ片手に各支店の資金収支のチェック。夜は遅くまで残業。残業のない日はストレス解消で立ち飲み屋で一杯……。「ファイナンシャルプランナーの資格は来年取ろう！　勉強は時間ができたらやろう」と、毎年毎年、先送りするうちに気づいたときには60代。

定年まで、結局は何もしなかった。**唯一したのが後悔だけ……。**

あなたは、Aさんのような人生を送りたいですか？

資格や転職、独立などのための勉強は、緊急度と重要度のマトリクス図で言えば、

「緊急じゃないけど重要なグループ」に入ります。そのため午前中のメイン、優先順位1位の仕事である「緊急かつ重要なグループ」より格下に感じます。

しかし、**「緊急じゃないけど重要なグループ」に区分されることこそが、あなたの未来に影響を及ぼす**ものなのです！

それは、たとえば。

社会保険労務士試験や、ファイナンシャルプランナーなどの各種資格試験の勉強。

会社でスペシャリストになるための専門書の読破。大学院での勉強。

転職、独立のためのセミナー通いや専門学校での勉強。

並べてみれば分かるように、あなたの未来に影響を及ぼす重要なことばかり。

ただし、緊急性がないため、自らやろうと思わない限り行えない。

意識しないと、日々追われている緊急の仕事を優先して、将来の夢も夢を見るだけで終わってしまうものばかりです。

自分を変える、人生を逆転したい、その他大勢から抜け出したい。それらを実現するためには、この**緊急じゃないけど重要なものを毎日一定の時間やり続ける**しかないのです。

朝の準備時間、通勤時間、そして昼休み。

自分の未来に影響を及ぼすことを毎日やり続ける時間にしてみて下さい。

CHAPTER 7 まとめ

1 昼食前はミーティング＋新聞の時間

・11時40分ジャストから「昼食前ミーティング」をスタートさせる
・部下に新聞を読んでもらう（部下側のメリット――同業他社の状況や経済を把握できる／上司に伝えるため真剣に読む／プレゼンの練習になる。上司側のメリット――その間、自分の仕事に集中できる／違う世代の関心事を知ることができる）
・新聞は15分ルール（5分ロスタイム）

2 ヒルナンデス、眠いんです！

・寝る（時間は15分）
・カフェインを摂るタイミングは寝る前
・眠気を覚ます5大マル秘テクニック（大あくび／目薬／青竹を踏む／堅いせんべい／身体を動かす）

3　もう両手で食事をしている暇はない？

・片手で食べて、片手はテキストを開く
・よく噛むと脳が活発になる

4　ランチ会があなたの世界を変える

・同じ志を持つ良い仲間と出会える場所は、ランチ会かセミナー後の懇親会
・その基準になったとき、今まで付き合ったことのない人が周りに増えていく
・付き合う人を変えれば自分のステージも変わる

5　仕事をしてはいけない

・昼休みは、緊急かつ重要な仕事こそ行わず、資格や転職、独立などの勉強など、自分の未来に影響がある「緊急じゃないけど重要なこと」をやる時間にする。

CHAPTER
8

午後

前半・後半に分けて後半に2時間集中する

1. 午後の前半戦は、頭を使わない100本ノック方式で

午前中のガムシャラタイムに優先順位の高い仕事を行い、ランチタイムには、資格試験の勉強など、緊急ではないけれど自分の未来に影響する重要なことを頑張ったあなた。昼休みも終わり、午後一番の時間帯。コンディションが絶好調なら引き続き優先順位の高い仕事をしても構いません。

ただ、食後で血液も胃を中心に回り、頭に血が回ってきているとは思えない。集中力も欠けている。夢と現実、現実と夢の繰り返し。「テレビで見るジャイアンは暴君だけど、映画のなかではかなり優しい」とワケの分からないことを思い出す。頑張って目を開けるけど、気づいたときには夢の世界へ……。

こんな状況のときには、頭をあまり使わない仕事をしましょう。

緊急度と重要度のマトリクス図でいうところの「緊急だが、重要ではない」か、もしくは「緊急ではないし、重要でもない」仕事です。

・ガムシャラタイムに連絡のあった相手に電話を掛ける

頭を使わない仕事はどれか？

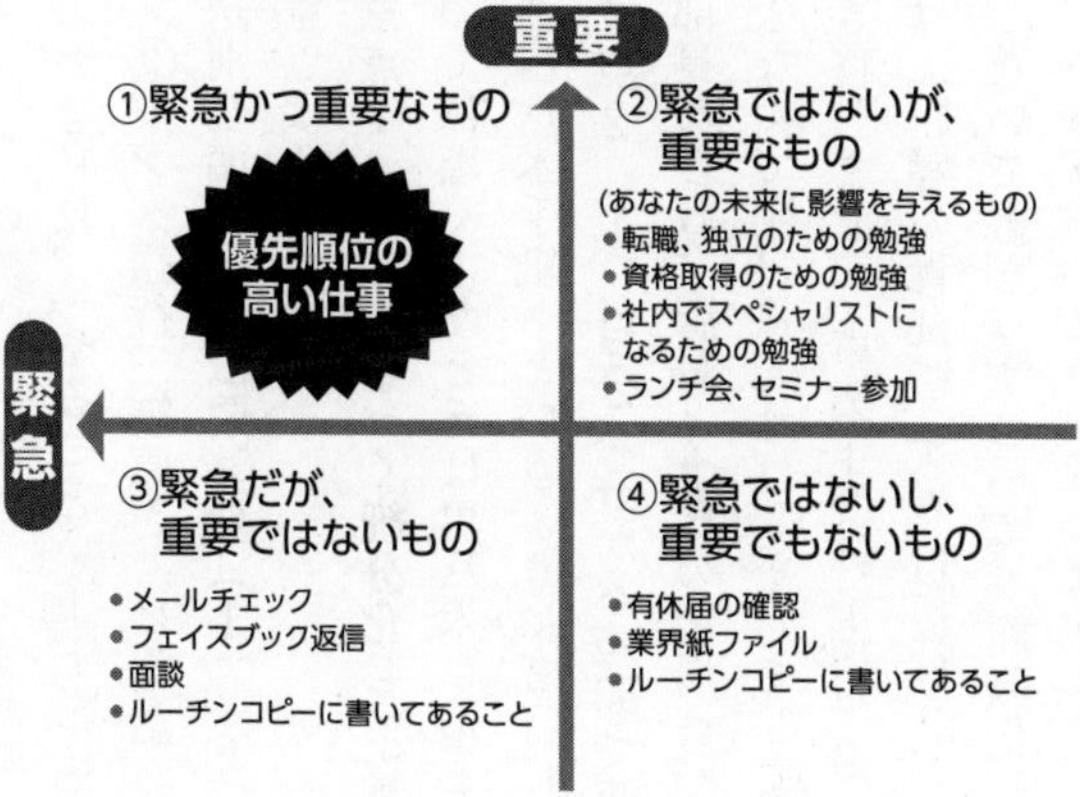

・メールをチェックする
・面談
・打ち合わせ
・郵便物の確認
・銀行回りなどの外出
・公共料金の支払い
・有給休暇届の確認
・業界紙のチェック
・仮払いの処理
・ルーチンワークコピーに書いてある仕事の処理……

とにかく頭をあまり使わない仕事。**ゲームの雑魚《ざこ》キャラを次々と片づけるイメージ**で仕事を処理していくのです。

このとき私は、「やることノート」に行うことを書いていきます。①業界紙チェック　②パンダ銀行、笹原さんに電話　③キリン工業、首藤さんメール　④猿田さん送別会準備　⑤伝票整理（1）　⑥伝票整理（2）　⑦伝票整理（3）……

注意点は3つだけ。

○注意点1　↓　なるべく細分化して書き出すこと。細分化とは、内容を具体的に書くのではなく、たとえば黒八木さんと白八木さんに手紙を出すなら、①黒八木手紙　②白八木手紙　というように2行に分けるという意味です。

○注意点2　↓　自分が分かる範囲で簡略化、記号化する。たとえば、課長ならK、部長ならB。課長と上尾の現場へパトロールなら、KAGPなど。ただし、今日できなくて明日に先延ばしをしてしまったタスクは、罰の意味も込めて正式名称で書き移します。「事業年度終了報告書の作成」ができなかったら、番号に青で○をつけ（屈辱の青丸）、次の日に行うページに「事業年度終了報告書の作成」と簡略化しないで書き写すのです。簡略化して書くより、面倒で印象にも残り、「明日こそ、やろう！」という気になります。

○注意点3 → CHAPTER 5でもお伝えした「1行5分以下ルール」。1行に書く仕事内容は5分以内で終わる内容。仮に15分かかる場合は、3行に分けて書く。

午後の仕事は、イメージ的には100本ノックです。あまり頭を使わない作業を自分に与え身体で受け止める。どんどん終わらせることで脳に喜びを与えるのです。

注意して欲しいのは、100本ノックを午前中の出社直後に行わないこと。次から次へと片づいていき、つける赤丸も増えていく。「仕事をやっている気分」になります。しかし、冷静に考えたら雑魚キャラの処理。雑魚キャラをどれだけ多く倒しても、緊急かつ重要なボスキャラを倒さないかぎり、本当の意味での仕事は終わりません。

食後の時間帯は脳が疲れています。だから、次から次へと仕事が終わっていくイメージで、疲れた脳に快楽を与えるのです。

たとえば、郵便物。私の働く会社だと1日に2回届きます。平均で10通ずつ。重要な郵便物もありますが、会社に必要のない郵便物も届きます。

それを処理するのも1つの仕事と見なすのです。左手で郵便物を押さえ、右手でちぎった郵便物をゴミ箱に捨てるまでの時間、わずか4秒。この時間も働いたとカウントします。

「やることノート」「書類箱」「ルーチンワークコピー」のビッグスリーから、各5個ずつエントリーして終わらせるとか、ルーチンワークだけは全滅させるなど、ゲーム感覚で終わらせると仕事も楽しく捗《はかど》ります。

●重要なお客様との商談だけは例外

お客様や関係者と打ち合わせの時間を決めるときに「いつでもいいですよ」という人がいます。主導権を握らせてもらっているのに、その答えはありえません。

約束は曜日よりも会う時間が重要です。

相手任せにして、「午前10時にお願いします」とガムシャラタイムを指定してこられたら集中力の損失です。自分で決められるなら、**「午後1時5分からしか空い**

ていない」とお願いしましょう。それにより、だらけてしまいがちな午後一番の時間をより充実した時間に変えることができます。

1時5分には、相手が遅れたり早くきたりすることを防ぐメリットもあります。ビジネスの世界で、約束の時間に遅刻する人は、まずいません。しかし早過ぎる方は結構います。「この時間にはこの仕事」と分刻みにスケジュールを入れている場合、予定外に早くこられると計画がずれてしまいます。しかし、1時5分と指定すれば、12時30分や45分にくる人もいなくなるのです。

もちろん例外もあります。以前、中途採用の面接で約束の2時間も前にきた人がいました。しかも、昼休みの12時。早くきたことだけが理由ではないのですが、時間管理のできない人、なにより常識のない人と一緒には働けないと、採用を見送りにしました。

この「1時5分」という時間指定は、ジャスト1時や2時よりも、時間を大切にしている「デキる人」という演出にもなります。

1時7分とか32分など、さらに刻むこともできますが、少しやり過ぎ感があるし、相手の負担にもなるので、約束の時間は5分や25分などの指定が丁度良いのです。

「緊急だけど重要ではない」か「緊急ではなく重要でもない」仕事を行う、雑魚キャラを片づけるなど、あまり良くない雰囲気の時間帯ですが、**この時間帯にできる「緊急かつ重要」な仕事がただ1つだけあります。**

それは**重要なお客様との商談。**

たとえば、昼前に商談をしていて、昼休みに食い込んでしまった場合。先方は「朝飯食べない系、昼飯ガッツリ族」で、早く終われとイライラするかもしれません。

食事を「お預け」されるほど腹が立つことはありません（**自分比**）。これでは決まるものも決まりません。

では、昼休み後の時間に、ランチを楽しみながら商談するのはどうでしょう。

たしかに、最初は空腹なので話は弾みません。まずは、仕事の話は抜きにして趣味の話や時事ネタで話を盛り上げ、お客様が満腹中枢に達しそうな後半部分から仕事の話へ。人間は欲求が満たされてきたときにイエスと言いやすい。しかも、**人が承認しやすいのは、ものを噛んでいるときと言われています。**

先方を満足させつつ、一気に商談が成功する確率が上がります。

さらに、昼食代が浮くという思わぬ副産物もあります。

そして、昼休み後に商談する場合。**昼休みは、自分の未来を変える重要な活動に丸々1時間も使うことができるようになる**のです。

集中力が切れやすい時間帯なのに「緊急かつ重要」な仕事ができ、昼食代も浮いて、商談の成功率も上がり、自分の未来を変えるための時間も増える。午後から行う重要なお客様との打ち合わせは、**一石四鳥になる時間の使い方**なのです。

2. 午後の後半戦は、自分に賞罰を与えて仕事を楽しむ

メールの返信、伝票整理など単純作業を行っていくうちに、またフツフツと集中力が戻ってきました。

午後も後半戦を迎えます。時計の針を見ると2時〜3時。**そろそろガムシャラタイム復活です。**名付けて「第2次ガムシャラタイム」。

残り時間を完全燃焼するために、優先順位の高い仕事に戻るのです。

ただし、もう午前中ほどの集中力は湧《わ》いてきません。

そこでここでは、自分自身を盛り上げるために**退社後のご褒美**を考えましょう。

午前中に優先順位1位の資金繰りと2位の現金チェックは終わらせたから、次は3位の給料計算だな。このペースでいくと「今日のスポットライト」の保険の見直しまで終わりそうだ……。終わったら、セブンイレブンでななチキを買ってビールのツマミを1品増やそう。いや、ファミリーマートのファミチキも良いな。それとも、やっぱりローソンのからあげクンかな？

苦しいとき、忙しいとき、追い詰められたとき、「これが終わったら○○をする」と頭に思い浮かべ、ノートに書き出すだけで、ウキウキした気分になります。

ここまで終わったら濃いめのハイボールに、から揚げを食べようと思うだけでモチベーションが高まります。

ご褒美だけではありません。逆に賞罰も有効です。

たとえば、「昨日は、午前中のガムシャラタイムは良かったけど、後半は談笑し過ぎて目標に達成しなかった。罰としてノンアルコールビールで我慢したけど、今日は、今のところ順調だから、ビールが飲めるように頑張ろう」もありです。優先順位の1位～4位までできたらプレミアムモルツ。それ以下だと発泡酒。優先順位の高い仕事ができなければノンアルコールビール。

自分に賞罰を与えることにより、ゲーム感覚で仕事をすることができるのです。

●第2次ガムシャラタイムも2時間で

午後は1時から仕事再開。5時の退社時刻までは4時間あります。「午前2時間、午後2時間」と前に説明したように、午後も集中して優先順位の高い仕事をするのは4時間あるうちの半分です。

「たった2時間だけか」と思っている方もいるかもしれません。

でも、仕事は予定通りに進みません。午前中のガムシャラタイムでは「電話・メール・声掛け禁止」で集中できました。電話の取次ぎでは迷惑をかけ、声掛けも禁止をして、周りに協力してもらいました。

午後の第2次ガムシャラタイムでは、そこまで融通が利きません。同僚や部下の話を聞いたり、相談を受けたり、上司からの突然の仕事が入るかもしれません。

そのようなアクシデントが起こる可能性を踏まえて、「4時間のうち2時間集中できる時間があれば儲けもの」という考えです。

そういう気持ちでいて、もし、2時間以上集中できる時間があれば増やせばいいのです。3時間集中すると決めて結局2時間しか集中できなかったら、目標が達成できなくてストレスになる。**そして、計画どおりに終わらない仕事を終わらせるために残業してしまう。それが毎日の習慣になるとクセになり、7時、8時に帰るのが当たり前になってしまうのです。**

一度、昼休みに緊急かつ重要な仕事をしてしまうと、2度、3度と昼休みを利用して仕事をするようになる。以前の私のように昼休みも含めて仕事の段取りを組むようになり、最終的には昼休みも仕事をすることが当たり前になります。

残業も一緒です。5時定時の会社でも、上司が6時まで残れば6時が「目に見えない定時」になる。すると部下も、6時に終わるように仕事の段取りを組む。

上司が「この書類を3時までに提出して」と言ってきたら3時に提出するし、「6時まで」なら同じ書類でも6時に提出するものなのです。

「自分の勤務時間は5時まで」と決めて段取りをつけないと、同じ内容の仕事でも、多くの時間をかけて行うようになってしまいます。

第2次ガムシャラタイムは、退社が迫った時間帯です。残り後半2時間を有意義に過ごして下さい。

「5時までに終わらせるぞ」という期限が人を燃えさせるのです。

まとめ

1 午後の前半戦は、頭を使わない100本ノック方式で

・「緊急だが、重要ではない」か「緊急ではないし、重要でもない」仕事、つまり雑魚キャラを次々と片づけるイメージで行う
・仕事内容を細分化して書き出す（1行5分以下ルール）
・約束を入れるときは、「1時5分からしか空いていない」とお願いする
・重要なお客様との商談という「緊急かつ重要」な仕事だけはOK

2 午後の後半戦は、自分に賞罰を与えて仕事を楽しむ

・第2次ガムシャラタイム
・残り時間を完全燃焼するために優先順位の高い仕事に戻る
・退社後のご褒美を考える
・5時までに終わらせるという期限が人を燃えさせる

CHAPTER
9

帰宅

明日に差をつける退社前の習慣

1. 今日何をやったかを振り返る

優先順位の高い仕事を終えたあなたは、飲み会、セミナー、書店めぐり、一家団《だん》欒《らん》……自由に自分の時間を満喫して下さい。

ただし、その前にやらなければならないことが**2つ!**

「この流れからだと1つじゃないのかよ」と言われそうですが、最低限2つです。

しかも、この2つは非常に大切です。

1つ目は、**今日の振り返り**。

同僚や部下と、あるいは状況によってはひとりででも構いません。1日の終わりに、今日の振り返りを行うのです。

難しく考える必要はありません。今日の振り返りでは、**それぞれが発表するに値する優先順位の高いことのみを発表するのです。**

「報告書の3分の2まで終わりました。明日仕上げて来週火曜日には県庁に届けられます」

「現金の半年分のチェックと訂正が終わりました」
「5月に行われる株主総会の資料作りをしていました。2日後に終わる予定です」
など。

優先順位の高い仕事は、その人の経験値によって人それぞれです。
新入社員にとっては現金のチェックが最重要だったり、係長にとっては株主総会の段取りが最重要だったりします。

必ず1つは発表するルールで行います。たとえ100項目の仕事をしていても、どれも緊急ではなく重要でもなければ、発表するのが恥ずかしくなります。

人に知られる。人に伝える――仕事の「見える化」をすることによって優先順位の高い仕事もこなしていこうという気になるのです。今日1日の仕事がすべて緊急でもなく重要でもなければ、忙しくふるまっていただけ。もしくは忙しいと思い込んでいただけだと気づくのです。

入社して1年目の社員。最初は伝票整理が最高に優先順位の高い仕事だったのに、会計ソフトに預金の入力ができるようになり、徐々にレベルが上がっていく。

今日の振り返り発表会は、仕事だけでなく、成長する過程も「見える化」するので、本人も先輩たちも楽しく嬉しい時間になります。

2. 机の上を片づけて、気が散る物を排除する

退社前にすべきこと。2つ目は、**机の上を片づけて帰ること**です。

書類などを机に放置しないで帰るのは当たり前ですが、勤務中でも、1つの仕事が終わったら、その都度机の上を片づけます。使った筆記用具やファイルなどを所定の場所に戻し、新たな気持ちで仕事を行うのです。

筆記用具なんて引き続き使うからいいのでは、と思われるかもしれませんが、**1つの仕事を完結して次の仕事を行う**。そのケジメが良い仕事を生むのです。

以前、代理で外国語専門学校の教壇に立ったときのことです。

生徒たちが全員起立して、「よろしくお願い致します」と挨拶をしてくれました。さらに、休憩が終わるたびに全員起立で挨拶。休憩も終わりこれから勉強するぞという態勢を整える。

良い習慣だと思い、さっそく自分の勤務する専門学校でも取り入れました。休憩

時間に寝ていた生徒も立ち上がることで目を覚まし、休憩と授業との区切りをつけることができます。教室が、凛《りん》とした空気に変わるのを実感できます。

1つの仕事が終わるたびに机を片づけることも、この挨拶に似ています。気分を一新して、次の仕事に取り掛かれるのです。

コロナ禍の前、秋から冬にかけて地元の図書館は、大学受験の高校生で満席になりました。9時に開館する図書館の前には、8時過ぎから学生たちが長蛇の列。テキストを読みながら白い息を吐いて図書館が開くのを待っています。自宅に勉強机がないとは思えないし、電車やバスで通う時間やお金ももったいない。

では、なぜ図書館に通うのか？

たぶん自宅は、テレビやDVD、ゲーム、パソコン、友人からの誘いなどの誘惑だらけで、勉強をしていても**目に入る物で気が散るからなのでしょう**。寒くてエアコンのリモコンを取ったついでに、テレビのリモコンを取り電源オンしてみたら、偶然、観たい番組が……。この瞬間、1時間は勉強を先延ばししてしまいます。

職場の机も一緒です。

机の上に、使わないファイルや資料の山。財布や車のカギ、シャープペンシルの芯ケース、ティッシュ箱があるのにポケットティッシュなどがあれば、気が散って、目の前の仕事に集中できません。

私がデスクワークを行う上でもっとも影響を受けたのは、『奇跡の仕事術』（カール・P・ワージー　生産性出版）という本です。

この本によると、ホワイトカラーの仕事を行う場所は机であり、机の上を片づけなければ生産性は上がらないそうです。

机の上に置いていい物は、**電話器**。使わない筆記用具は捨てるか机の中に。ペン立てや印鑑ケース（判子箱）も机に置かない。もちろんカッター、クリップ、穴開けパンチ、ハサミ、定規なども片づける。そして、日本の会社ではスペース的に難しいかもしれませんが、書類箱も後方に置いて目に入れない。

電話器にも細かい指示があり、右利きの人は電話を机上の左側に置く。左側にあれば、左手で受話器を取り、右手でスムーズにメモが取れると、なるほどと思えるアドバイス。早速、電話器を左側に置き換えました。

ただ、机の上に置いていい物が、もう1つだけあります。

あなたは、電話器のほかに、もう1つだけ机に置いていいと言われたら何と答えますか?

答えは、**写真!**

〈自分にとって大切な人たち、ペット、風景などの写真は、私たちの心が必要とするものを与えてくれる……（中略）……仕事をするのはほとんどの場合、愛する人や関心のある何かのためであるからだ。だから遠慮せず、それらの写真を机上に飾ろう。〉

ここでも、「ヘイ！　カール！　良いことを言うな～」と思った素直でビジネス書で参考になることは実践するタイプである私は、机の上に子どもの写真を飾っていました。

それから何年かが経ち、女性事務員を採用しました。当時勤めていた会社は、男性しかいない建設会社です。中途採用でシングルマザーの女性。話す相手もいないし、会社も殺風景で可哀想だと思い、半沢直樹ばりの笑顔で彼女に言いました。

「この机は、〇〇さんの机だから好きに使っていいからね。子どもの写真とか飾っても良いんだよ」

内心、「なんて優しい上司。そして完璧な気遣い」と思う私。

でも、彼女から帰ってきた言葉は、「キモっ！　子どもの写真なんて超キモっ！」

アー……。まあ、人それぞれですね。

気をとり直して、話を片づけに戻します。

「片づけは、退社のときでも出社のときでも一緒じゃないか」という意見もありますが、大違いです。

朝は、やることが多いので1つでも仕事を増やさない。スケジュール確認、打ち合わせなどをやるうちに、ガムシャラタイムは近づいてきます。早くガムシャラタイムに入りたいので、余計な雑務を増やしたくない。

また、会社に着いた途端に、上司に仕事を依頼されることもあります。すぐメモを書きたいのに机の上が散乱していてメモ用紙もペンも見つからない。書くスペースもない。

置いてあった書類の裏面にメモしたら、たいてい紛失してしまいます。

上司の依頼を早く調べたいのに、机の掃除から始めなければならない。

それでは遅いのです。**朝は、いつでもトップスピードで仕事ができるように、前の日の終わりに机上を片づけ、準備をしておかなければならないのです。**

以上のように、「今日の振り返り」と「整理整頓」をして退社するのですが、今日の振り返りは4時50分から始め、58分に終了。整理整頓は2分で終わらせ5時ジャストに帰りましょう。

いや、**5時ジャストには帰ると決めるのです！**

セミナーで一番多いクレームは、講義内容、声の質、段取り、講師の人柄などではありません。定時に終わらず延長することです。

企業研修では、時間通りに終わらないと、主催者である企業側が参加者全員の残業代を払うことになるので絶対に延長はできません。

専門学校の講義で延長した場合は、夜だと最終電車に間に合わなくなる受講生もいます。最終に間に合わない受講生が、最後まで講義を受けられずに途中退席するなど最悪の事態に……。夜に限らず、講義後に予定を控えている受講生からもクレームがきます。

そもそも、2時間なら2時間で伝えなければならない内容なのに、2時間を超えて伝えているなら講師失格です。時間オーバーした分、受講生の時間を奪っていることになるのです。クレームを言われても文句は言えません。

仕事も一緒です。5時が定時なら5時に仕事を終わらせないと、企業研修のように、会社が残業代を支払わなければなりません。そして何より**自分で自分の時間を奪っていることになる**のです。

5時に終われば、12時に寝るとしても7時間あります。1日の約3分の1の時間を、退社後、自由に使えることができるのです。

3. その他大勢から抜け出す退社の技術

新型コロナでテレワークが一般化しましたが、自宅で仕事ができない限り、会社に通勤しなければなりません。

通勤には、時間がかかります。片道1時間なら往復2時間。片道2時間ならなんと4時間。

CHAPTER 3で出勤時の通勤電車の利用方法をお伝えしました。本を読むかオーディオブックを聴いて勉強する。スマホは禁止。

スマホはパンドラの箱なのです。LINE、メール、ツイッター、フェイスブック、インスタグラム、ユーチューブ、ネット、昨日飲み会で撮った写真に、読みかけの携帯小説そしてゲーム。いろいろなアイテムが飛び出してきます。開けたら最後。到着駅まで2度と本やオーディオブックには戻れません。

帰りの電車の利用方法は、行きの利用方法とまったく同じです。

行政書士の勉強でテキスト8ページから20ページまで進んだなら、帰りは同じ箇所の復習。英単語を30個覚えたなら、忘れていないか同じ30単語の復習。

有名な「エビングハウスの忘却曲線」というグラフがあります。心理学者のヘルマン・エビングハウスによって作られたグラフです。人は24時間後に74％のことを

エビングハウスの忘却曲線

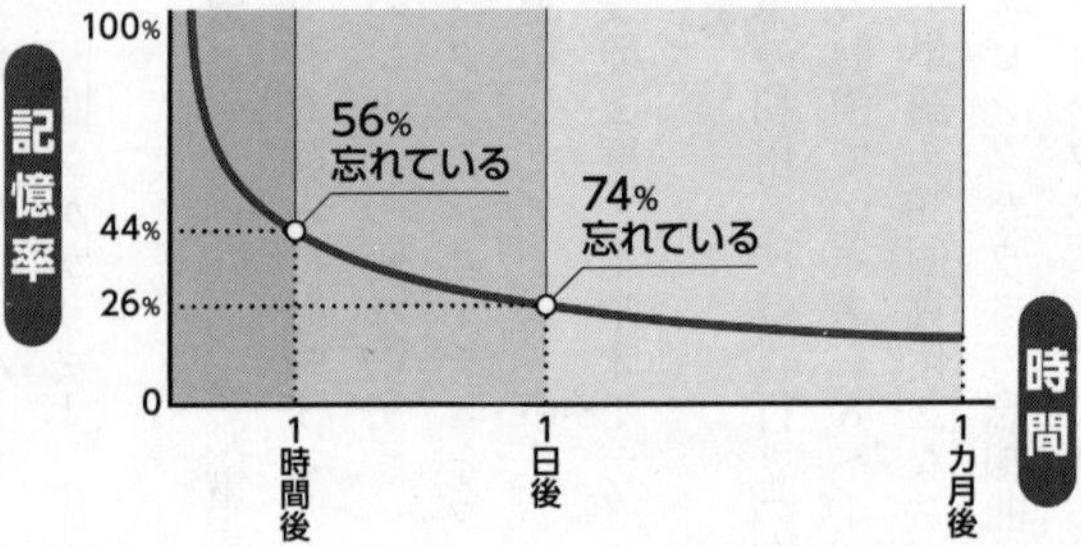

忘れると定義しています。

1日で約8割も忘れてしまうのです。これが普通の人の平均です。あなたが平均的な暗記能力を持っていても8割は忘れているのです。

受講生の方で、「ぜんぜん覚えられない」と嘆く人がいますが、覚えていなくて当たり前。忘れて当たり前なのです。

ではどうするのか？

記憶を定着させるのです。

どうやって？

繰り返し覚えることによってです！

繰り返し覚えるためには、朝と同じ箇所を改めて復習する。

勉強は、繰り返し覚えて初めて自分の血肉になります。新しいページを開きたくなるのをこらえて、朝の勉強箇所の復習をするのです。同じ電車で「なんかデジャブーみたいだな〜」と思った人は、ある意味当然です。同じ箇所を朝に勉強しているのですから。

勉強は復習が8割と言われています。8割忘れるというエビングハウスの割合と一致しているのは、偶然ではないのかもしれません。

勉強ではなく、ビジネス書を読んでいる方も一緒です。朝読んだところの再読。ただし勉強とはちょっと違います。帰りの電車では、Plan→Do後のCheck（検証）を行います。帰りの電車は、**朝読んだ箇所を会社で実践できたか検証する**時間なのです。

CHAPTER 3のビジネス書の中身を活かす例で登場した、営業職10年目の課長。いつもは部下に対して威圧的に接してきたが、今日は最後まで話を聞けた。ときおり頷き、話を整理させて、部下のアイディアも受け入れ、最後はぎこちないながらも「ありがとう」と言ってみた。

帰り際、いつもなら、うつむいて「もごもご」言って帰る部下が、今日は「お疲れ様です。何かお手伝いすることないですか？　はい。では、お先に失礼します」と笑顔で挨拶して帰っていった。

やはり、朝に読んだビジネス書の中身を実践したのが良かったのかな……。よし、もう一度読んで明日も話しやすい雰囲気を作る参考にしよう。

……と、これが帰りの電車内でやる「Check」です。

昭和の時代の中学生は、部活から帰ったら食事をして、テレビを見たくてもチャンネル権は親か祖父母。ゲームと言ってもトランプやボードゲームは仲間がいないと遊べませんでした。友だちとの連絡手段は玄関脇にある黒電話だけ。キャッチフォン機能がなかったので、話している間は緊急の電話が受けられない。そのため用件だけで長電話もできません。

寝るまでの時間、暇過ぎるので勉強するしかないのです。優先順位というよりも、時間が余って勉強している感覚でした。

いっぽう、今どきの中学生は、部活が終わって5時に帰宅。テレビを見ながら食事をし、食べ終わったら携帯ゲームやテレビゲーム。合間の時間にＬＩＮＥやインスタにユーチューブ。ＬＩＮＥはグループにも入っているので、次から次へとコメントが入り既読にしたら返信をせずにはいられない。あっという間に寝る時間。

子どもは、楽しいことが大好きです。自分で優先順位をつけたら楽しいことから埋まっていきます。必然的に勉強時間がなくなるのです。

唯一宿題だけは優先順位の上位にランクイン。宿題は提出しないと学校で叱られるというペナルティがあるので、楽しくなくても頑張ります（もちろん勉強が楽しいという子もいるし、勉強に楽しみを見出すこともできますが）。

塾は、教え方がどうこうよりも、勉強する時間を強制的に確保してくれることにもっとも大きな意義があると思います。

通勤電車も同じ。**通勤は勉強する時間を強制的に確保してくれるアイテムと言えるのです。**片道1時間なら毎日2時間。強制的に勉強する時間を確保できる。

電車に乗っている時間に本を読める人は本を読む。電車を降りて歩いている時間はオーディオブック。勉強する時間がないと言っている人は、通勤時間を勉強時間に変えましょう。

1 今日何をやったかを振り返る

・発表するに値する優先順位の高いことのみを発表する
・仕事の「見える化」で優先順位の高い仕事をこなすようになる

2 机の上を片づけて、気が散る物を排除する

・机の上を片づけて帰る
・机の上に置いていい物は電話器と写真だけ
・朝、いつでもトップスピードで仕事ができるように、前の日の帰り際に机を片づけておく

3 その他大勢から抜け出す退社の技術

・帰りの電車では、行きとまったく同じことをする

・「エビングハウスの忘却曲線」。24時間で74％のことを忘れる（覚えていなくて当たり前）
・朝、ビジネス書を読んで、計画（プラン）し、会社で実践（ドゥー）したなら、ちゃんと実践できたか最後の検証（チェック）を行う

CHAPTER

10

就寝

新しい朝を迎えるためにすべきたった1つのこと

1. そして新しい朝が来る！

今日1日は、人生の縮小版だと言われています。

生まれて、いろいろな歳月を過ごし、そして死んでいくという一生。

目覚め、いろいろな時間を過ごし、そして眠りにつくという1日。

似ていますよね。

日々の繰り返しが、積み重なって一生になる。そう考えたとき、今日という日がいかに大事だったのかに気づくのです。


そして今日という日も終わりました。

ここで、**1つだけやって欲しいことがあります。**

「ええ！　もう眠いからフトンに入るのに、まだ何かするの？」と言われるかもしれません。安心して下さい。**お金も体力も能力も使いません。**

今日やり終えた優先順位1位の仕事を思い浮かべるだけ！

それだけです！

退社前に「今日の振り返り」で発表したので、すぐに思い浮かべることができますよね。

思い浮かべて、優先順位1位の仕事をやり遂げていたら。

「お～すごい！　自分は優先順位1位の仕事をやり遂げたんだ！」

そう自分で自分を褒めてあげて下さい。

もし、できていなくても、あれもできたかも、もっと要領よくできたかも、という改善箇所は、考えなくていい。

そんなことは、朝の計画を立てるときに考えて下さい。

眠る前にマイナスになるようなことは考えない。

達成した仕事だけにフォーカスして、満足顔で眠りにつくのです。

「習慣ナビゲーター」の佐藤伝《さとうでん》さんによると、「眠る前のひととき、ベッドのなかで、「あ～今日も1日、よくやった！　大感謝！　大満足！」と満足顔でつぶやくだけで、幸せホルモンが分泌されポジティブになり、頭もよくなるそうです。

いっぽう、人は1日で6万回思考していると言われています。

無意識も含めてのようですが、「起きなきゃ」「眠い」「のどが渇いた」「腹が減った」「今日は暑い」「電車が混み過ぎだ」「せまい」「きつい」「カバンが重い」「会社に行きたくない」「得意先に行きたくない」「あと8分で昼休みだ」「昼食べ過ぎて眠い」……と、こんなふうに1日に6万回も、あれこれ考えているんですね。

しかも、そのうちの8割、つまり4万8千回は、ネガティブなことを考えているとも言われています。

こんなネガティブな感情で過ごしていたら、悪い夢を見るのも当たり前かもしれません。

CHAPTER 1で言ったとおり、夢は7割が悪い夢。

しかし、寝る前に優先順位の高い仕事をやり遂げた自分を褒めてあげ、満足顔で眠りについたら、**楽しい夢を見て朝はスッキリと目覚めるに違いありません。**

あなたも優先順位1位の仕事をやり遂げました。
満足顔で眠れます。
そして目を覚ますと、新しい朝が来ます！　希望の朝が！！
それでは、おやすみなさい。
良い夢を～
現実の夢が実現しますように！

1 そして新しい朝が来る！

・今日やり終えた優先順位1位の仕事を思い浮かべて眠る
・眠る前にマイナスになるようなことは考えない

現実の夢の実現に向けて——あとがきに代えて

20代の頃、正確にいうと最初の会社に入社したその日から、ずっと仕事が嫌いでした。

遊びたいときに遊んで、寝たいときに寝ていた大学生から、働きたくないのに働いて、眠いときに起きている社会人になったのだから、嫌に思うのは当たり前だったのかもしれません。

さらに、配属された経理部では簿記の知識すらなくて叱られ、建設会社だったので現場の人には室内で働くことで嫌味を言われ、役員は親会社からの出向か役所からの天下り。怒鳴られ、嫉妬され、出世の道も閉ざされた三重苦の状況。

現状を変えたくても変える努力をせず、会社を辞める勇気もなく、時間だけが過ぎていきました。

週末は飲み歩き遊びまくり、平日はひとり暮らしのアパートに帰り、シングルベッドに寝そべって本や雑誌を読みあさる日々。当時読んでいた雑誌は、『スコラ』

『プレイボーイ』『ザ・ベスト』に『ビッグトゥモロー』。

いつものように雑誌を読んでいるときです。読者からの人生相談のコーナーがありました。

「毎日会社に行くのがツライのです。面白くもないし、やりがいもなく、辞めたいです」という趣旨の相談でした。実際はもっと長い文章でしたが、自分とまったく同じ気持ち。夢遊病の自分が夜中に手紙を書いて投函したかと錯覚するぐらい同じ気持ちだったのを覚えています。

解答者の著名人からは、こんな趣旨の回答が。

「何を言っているのだ。仕事は苦しいのが当たり前じゃないか。たいへんで嫌なことをしている見返りに、会社からお金をもらっているんだよ」

その答え。目から鱗《うろこ》が落ちました。

「ああ！　そうだよな。苦しいことをしているからお金を頂けているんだ。もし、楽しかったらディズニーランドに行ったときのように、お金を払わなきゃいけないよな」

その回答に納得し、「仕事をする意義」を見つけた気になっていました。

大学時代の友人との飲み会や、後輩ができて相談を受けたときにも、「仕事なんて苦しくて当たり前じゃん。たいへんで嫌なことだらけだから、会社から金をもらっているんだよ」と偉そうにジョッキ片手に語っていました。

月日は経ち、人生逆転を夢見て税理士の資格を取ることを決意。

最初の会社を20代最後の年に退職し、2年間無職になって勉強に専念。

妻の扶養に入り、子どもの出産一時金で食いつないだこともありました。税理士資格を取得する前についに貯金も底をつき、会計事務所に就職。

30代も半ばになって、建設会社に転職。同時に専門学校の講師にもなります。その後、3年間休止していた税理士試験に再度挑戦して合格、税理士として開業。セミナー講師や著書の出版もしました。

あれだけ仕事が嫌いだった私が、今は5つの仕事をしています。

多くの仕事を経験しました。どの仕事も奥が深く、新しい発見があり、厳しいながら楽しく充実した気持ちで人生を送っています。

そして私は、20代の頃に自分を救ってくれた、「仕事は苦しいのが当たり前。大変で嫌なことをするから、お金をもらっているんだよ」という仕事観が、間違いだったことに気がついたのです。

話は大きくなりますが「命って何？」という質問にどう答えるでしょうか？

「命」とは、別の表現をすると「生まれてから死ぬまでの期間」のことです。

その期間は、時間で表すことができます。

平均寿命の80歳まで生きるとしたら、80年×365日×24時間＝700800時間。

命は、約70万時間！

その時間を使って仕事をしているのです。

たとえ、お金をもらう見返りだったとしても、命（時間）を使って仕事をしているのだから、「仕事が苦しくて嫌なこと」ではダメなのです。

楽しいか、有意義か、自分の生きている証になっているか、人の役に立っているか。**その仕事に命（時間）を使うに値する意義がなければならない**と、今の自分なら確信できます。

仕事に行く準備が面倒だったのを、タイマーを使ってゲームに変えてしまう。
プライベートで遊ぶのではなく、仕事も遊びに変えてしまう。
夢や将来の計画を思い描いて、楽しい気分で1日を過ごす。
趣味に楽しみを見出すのもいいけど、仕事も趣味の一環として楽しんじゃう。
昼休みにランチ会に行って、新たな仲間と知り合うことで見聞を広げる。
サッカーや野球を応援するのもいいけど、ガムシャラな自分のことを応援する。
「大人になったら楽しいよ」と子どもに誇れる自分になる。
宝くじに勝負を賭けるのではなく、自分の人生に勝負を賭けてみる。

仕事は命（時間）を使って行っているのです。
仮に毎日8時間の仕事をしているなら、1日の3分の1の時間です。
命を使うに値することをしなければ、もったいないと思いませんか？

●あとがきのあとがき

最後までお読みいただき、ありがとうございます。

以下の3つを続けてみて下さい。

1. それぞれの時間帯に適した仕事を行う
2. 現在と未来に影響を及ぼすことを毎日やり続ける
3. 定時(5時)に帰ると決める

1. それぞれの時間帯に適した仕事を行う——言い換えれば、タイムスケジュールに沿って効率的に仕事を行う。

元気な朝に簡単な仕事をして、疲れてから優先順位の高い仕事をしても効率が悪いのです。もう一度、**あなたの仕事をする時間とその内容が適しているかチェックしてみて下さい。**

2．現在と未来に影響を及ぼすことを毎日やり続ける――周りが変化していく時代に現状維持では後退するだけです。

緊急で重要な仕事に日々追われていると、自分が成長することができません。通勤時間や昼休みなどの時間帯を使って、緊急じゃないけど重要なこと、つまり自己啓発や資格試験、人脈作りなど、現在と未来に影響を及ぼすことを毎日やり続ける習慣を作るのです。

3．定時（5時）に帰ると決める――「定時に仕事が終わらない」というのは思い込みです。

もし本気で残業ゼロにする気があるなら、5時15分に警備のブザーが鳴るようにセットすればよいのです。ブザーが作動したときに会社に残っている人は、不法侵入で捕まる仕組み。罰金は今日の給与全額。集まったお金は次回の飲み会に寄付。冗談ではなく、そこまでやれば、全員が残業ゼロになるでしょう。

5時までしかやれないなら、5時までに終わらすような仕組みを作り、工夫をして知恵を絞ります。効率的な段取りを組むしかなくなるのです。

以上の3つを守れたら、今より何倍も速く仕事が片づくことを私が保証します。

最後になりましたが、友人である西沢泰生《やすお》さん。的確なアドバイスや原稿チェック、情報収集。おかげで執筆に集中することができました。本当にありがとうございます。

幼くして他界した、ひろと兄さん。

私が、人一倍働き、人一倍遊ぶのも、兄さんが生きたかった分まで人生を充実させなければと、いつも思っていたからです。

田舎にいる母さん。

いくつになっても、どんなときでも健康に気づかい応援してくれ、味方になってくれてありがとう。

そして真理、天聖、凜。

3人のおかげで毎日楽しく充実した日々を過ごせているよ。

そして、この本を最後まで読んで下さったあなた。

「ビジネス書は実践しなければ意味がない」が、私の持論です。

1つでも多く実践できるところを見つけていただければ幸いです。

石川和男

本作品は二〇一五年二月にCCCメディアハウスより刊行された『30代で人生を逆転させる残業0の時間術』を改題し、加筆・修正のうえ文庫にしたものです。

祥伝社黄金文庫

ビジネス書《しょ》を年《ねん》に100冊《さつ》読《よ》んでわかった
24時間《じかん》の使《つか》い方《かた》

令和3年4月20日　初版第1刷発行

著　者　石《いし》川《かわ》和《かず》男《お》
発行者　辻　浩明
発行所　祥伝社《しょうでんしゃ》
〒101－8701
東京都千代田区神田神保町3－3
電話　03（3265）2084（編集部）
電話　03（3265）2081（販売部）
電話　03（3265）3622（業務部）
www.shodensha.co.jp

印刷所　萩原印刷
製本所　ナショナル製本

Printed in Japan　© 2021, Kazuo Ishikawa　ISBN978-4-396-31805-5 C0130